中高年がひきこもる理由

——臨床から生まれた回復へのプロセス——

桝田　智彦

青春新書
INTELLIGENCE

はじめに

ひきこもりといえば、若い人たちがなるもの。そんな一般のイメージとは異なり、実は中高年のひきこもりが多いという報道を目にされた方もいらっしゃるでしょう。

２０１８年、内閣府が40歳～64歳を対象に行ったひきこもりの実態調査によって、この年齢層のひきこもりが推計で約61万人にものぼることが判明しました。２０１５年に実施した同じ内閣府の調査では、15歳～39歳のひきこもりの推計人数が約54万人。ひきこもりは若年層よりも中高年のほうが多いことが、はっきりと数字で表れているのです。

いったいどのような人たちが61万人も、ひきこもっているのでしょう――。

考えられるのはまず、20代、30代で就職活動につまずいたり、勤め先の人間関係などで傷ついたりといったことをきっかけにひきこもり、その状態が10年、20年と長期化しているケースです。

そのいっぽうで、社会人として長年、働いてきた人たちもひきこもっているのです。このタイプのひきこもりの多くが、突然の解雇や体調不良、親の介護などによって職を失ったことをきっかけにひきこもってしまっています。

いったん職を失うと、その後、懸命に職探しを行っても、年齢的なこともあり、また、日本の雇用環境の悪化もあって、10社、20社と面接を受けてもことごとく不採用となるケースは珍しくありません。不採用通知を受け取るたびに自尊心は傷つけられ、やがて心身共に疲れ果ててしまい、徐々にひきこもっていくものと考えられます。

このように、かつて社会人として、勤勉に働いてきた「ふつうの人たち」が失職などをきっかけにひきこもってしまうケースがあるのです。

「自分はひきこもりにはならない」と思い、ひきこもりを自分とは関係のない他人事《ひとごと》としてとらえている方も多いことでしょう。しかし、ひきこもる人たちがとくに性格的に弱かったり、世間や親などに甘えていたり、怠け者だったりするわけでは決してありません。くり返しますが、その多くは、ひきこもるまえまでは、長年、まじめに働いてきた、まっとうな社会人だった人たちなのですから。

しかし、中高年になって突然、職を失い、しかも、がんばっても、がんばっても、まともな再就職先を見つけられなかったとしたら……。よほど強靭《きょうじん》な精神の持ち主でない限り、心がボロボロに傷ついて外へ出られなくなる可能性は十分に考えられると思います。

定年まで安心して働ける、日本独特の終身雇用制はすでに崩壊しています。誰もが突然、リストラに遭う可能性がありますし、長期不況のなか、再就職の道も閉ざされがちです。このような状況では、ひきこもりは誰の身にも起こりえますし、中高年ひきこもりは他人事として片づけられるような問題では決してなく、誰もが「自分の事」としてとらえ、考える必要のある事象と言えるでしょう。

ひきこもりはまた、現代人の多くが抱える「孤独」の問題とも密接に関わっていると思います。とくに日本では、家族や職場以外にコミュニティを持たない人たちが大半ですし、実際、英国のシンクタンク「レガタム研究所」の2018年の調査では、ソーシャル・キャピタル、つまり「家族以外のネットワーク」の充実度が、日本は先進国で最下位でした。日本人は先進国でもっとも孤独な国民と言えるかもしれません。

孤独な人たちがいざリストラされたりすると、相談したり、助けてくれたりする人もいないまま、社会から隔絶されて一気にひきこもってしまうケースが少なくありません。そして、いったんひきこもってしまうと、当然のこととして、孤独感はますます深まっていきます。

孤独は人をひきこもりへと引きずりこみ、さらに、いったんひきこもってしまったら、そのひきこもりの状態自体が人々をさらに深い孤独へと追いやることになるのです。

この孤独は人の心を蝕《むしば》みます。はじめのうちは、多くの人たちがなんとか外へ出て、仕事を見つけ、自活しようという気持ちを持っています。ところが、孤独な状態が続くにつれて、自分の欠点やいたらなさや弱点といった否定的な面ばかり見つめるようになり、そして、日々、絶望感にさいなまれるようになるのです。

それにつれてセルフイメージ（自己評価）が低下していき、ついには、「自分は生きている価値のない人間だ」と思い、「セルフネグレクト」（自己放任）といわれる状態にまで追いこまれてしまいます。

セルフネグレクトの状態では身なりにかまわなくなり、お風呂にも入らず、食事もロクにとらない日々が続き、受けるべき治療を受けなくなり、ひきこもりから抜け出そうという気力も体力もなくなり、その結果、ひきこもりが長期化していくものと思われます。

地域社会が崩壊し、核家族化した現代において、多くの日本人が孤独と背中合わせに生きていると考えられます。いざ何かが起きれば、このような孤独な人たちは独りで困難な局面に立ち向かわなければならないわけで、そのとき、その重みに耐えられずにひきこもってしまう人も少なくないと思います。だからこそ、「自分は大丈夫」と高をくくっている人も「自分の事」として、ひきこもりをとらえていただきたいのです。

それにしても、人はなぜひきこもるのか、ひきこもっている人たちは何を考え、何を感じながら日々を過ごしているのか、なぜ外へ出られないのか……。さまざまな疑問が頭をよぎることでしょう。

本書では、そのような疑問に答えるべく、ひきこもりの研究をし、現場で支援を行ってきた臨床心理士という立場から、心理学的な視点はもとより、ひきこもりの背景にひそむ社会的・経済的な問題、支援組織の制度上の課題、さらには、日本人に特有の心性や思考法といった、さまざまな観点から中高年ひきこもりとその実態に迫ります。また、ひきこもりからの回復への道筋についても触れるつもりです。

本書が中高年のひきこもりに対する人々の理解を深め、偏見を取り除くための一助になれば、そして、今現在、ひきこもっている中高年の方々が少しでも元気を取り戻されるお手伝いができれば、幸甚に存じます。

ＳＣＳカウンセリング研究所　副代表　桝田智彦

目次

第3章 今の社会の在り方が、ひきこもりを「長引かせる」

第4章 「中高年ひきこもり支援」の知られざる実情

第5章

「中高年ひきこもり」回復へのプロセス……145

本文デザイン…岡崎理恵
本文DTP…キャップス
編集協力…横田緑

第1章

誰でも「中高年ひきこもり」になる可能性がある

「中高年ひきこもり」は、決して他人事ではない

年収1000万円の人でも、ひきこもる時代

ひきこもり、それも、中高年のひきこもり（40歳〜64歳までのひきこもり。以下、本書内では「中高年ひきこもり」とします）の推計が約61万3000人と報道され、大きな話題となりました。

私はこの約61万3000人のひきこもりは「問題」ではなく、日本社会が抱えるさまざまな問題の「答え」であると考えています。このさまざまな問題を紐解いていくと、ひきこもるということが人間として正しい反応であるとも思えてくるのです。その理由をこれからお伝えしていきたいと思います。

「中高年にもなってひきこもっている」といえば、仕事もしない怠け者で、一日中家でブラブラしていて風呂にも入らず、ときどき親に暴言を吐いたり、暴力をふるったりしてい

るのだろう……。

多くの人たちがそのようなイメージで、中高年ひきこもりの方たちをとらえているのかもしれません。そして、そのようなイメージでひきこもりをとらえている限り、ひきこもりは自分にはまったく関係のない他人事にしか感じられないでしょう。

しかし、実は、そのようなイメージ自体が実際のひきこもりの人たちとは大きくかけ離れているのです。

ひきこもっている中高年のなかには、あなたとあまり変わらない「まともな」生活を長く送ってきた方たちも少なくないのです。その現実は、あなたも、そして私も、いつひきこもりになってもおかしくないことを示唆していると言えるでしょう。

たとえば、次にご紹介する２つの事例を見ていただければ、ひきこもりが他人事として片づけられる問題ではないことを感じていただけると思います。

まずご紹介するのが、２０１９年7月5日、「ＮＨＫ　Ｎｅｗｓ　Ｕｐ」に掲載された、『母が死んだ　言えなかった１か月』での男性です。彼を仮にこの本ではAさんとしましょう。

50代だったAさんは、同居していた80代の母親が亡くなり、その遺体と１カ月以上も共に暮らしたのち、逮捕されました……。

【事例1――職を失ってひきこもってしまった1000万円プレイヤー】

Aさんは外資系企業のエンジニアとして働き、年収は1000万円超え。華麗なる1000万円プレイヤーで、関東地方にマンションを購入し、独り暮らしをしていました。

本人いわく「父親がロクデナシで、子どもの頃から貧乏だった」。母親がパートをして一家の生活を支え、彼が学校を卒業できたのも母親のおかげでした。自分が稼げるようになってからは、苦労をかけた母親へ20年ものあいだ、仕送りを続けてきました。

ところが、今から6年前にAさんは突如、会社を解雇されます。解雇から1年後、再就職先を探しはじめた彼のまえに「50歳の壁」が立ちはだかります。再就職先は見つからず、気がつけば不採用の数は数十社にのぼっていました。

仕事は見つからず、貯えは減りつづけ、焦りと不安は募るばかり。中国などでの求人はありましたが、老齢の母親を置いてはいけず諦めたそうです。そのうち、友人との連絡も途絶えがちになっていきます。

いつしか気力を失い、就職を諦めてしまい、そして、お金を使わないようにと、家にひきこもる時間がしだいに長くなっていったというのです……。

そんな姿を見かねた母親に促されて、Aさんは、実家に帰ります。収入は母親の月8万5000円の年金のみ。年金受給日のまえの数日間は、ふたりして米と味噌だけで飢えをしのいだといいます。

そして、ある日、気がついたら、母親が横になったまま動かなくなっていたのです。

息子であるAさんは現実を受け入れることができないまま、茫然《ぼうぜん》とするばかりだったそうです。手元に残っていた現金は5万円ほどで、母の葬儀を出したら、自分が餓死するかもしれません。冷静に考えられなくなっていたAさんは死亡届を出すことなく、冒頭で述べたように、母親の遺体と共に1カ月以上を過ごしたというのです。

その後、所有していたマンションが売却できたことで、葬儀費用のめどがたつと、Aさんはみずから警察に母親の死を届け出て、逮捕されて、裁判で執行猶予の有罪判決を受けました。

NHKニュースのインタビューに対してAさんは、

「……これまで親孝行をしてきたつもりですが、最後の最後にこんなことになってしまったことが悔しいですし、自分が情けないです」。

非正規やアルバイトの方たちだけではなく、正社員の、それも1000万円プレイヤーであっても、今の世の中、いつなんどき解雇されるかわかりません。そして、いったん解雇されたら、とくに中高年の場合には、再就職先がなかなか見つけられないのが現状なのです。

Aさんのように数十社受けても不採用ばかりとなれば、よほど強靭な精神力の持ち主でない限りは、やがて傷つき、自信を失い、身も心も疲弊して、外へ出ていく気力が失せたとしても不思議ではないでしょう。

次に、私自身がカウンセリングさせていただいている40歳のUさんの事例を見ていきましょう。

【事例2――生きにくい世の中で心をすり減らし、ひきこもりに】

Uさんは生まれも育ちも東京23区内。小さな頃から内向的な性格でした。家では、一度決めたら譲らない、頑固な面もありましたが、小学校、中学校では大きなトラブルを起こすことはなかったそうです。学校での成績はつねに上位で、勉強は得意でした。

私立の高校に進学したあとも成績は優秀。順調な学校生活を続けます。親しい友人はできないながら、いじめを受けるなどの深刻な問題はなく、無事に高校も卒業して大学に進学します。興味関心のあることについては一度で記憶できるなど、「地頭の良さ」が際立っていて、大学の4年間は専門の工学の勉強に没頭していたそうです。

就職活動では、就職氷河期の真っただ中だったことから、中小企業のエンジニアとして採用されるのがやっとでした。それでも、その小さな会社の社長がUさんを非常に気に入って、「仕事の能力は高いけれど、人づきあいは苦手なUさん」を穏やかに見守りつづけてくれたそうです。

ところが、社長が息子に経営をバトンタッチしたことが、Uさんの順調だった会社生活に暗い影を落とすことになります。息子は不況のあおりを受けて、人員整理を始めます。優秀なUさんはリストラの対象にはならなかったのですが、減った社員の分の仕事がUさんに回ってくるようになりました。

Uさんの仕事は増え、「シングルタスク」から「マルチタスク」となります。Uさんにとって、マルチタスク化した仕事は苦痛でならなかったそうで、この頃から、家でも仕事の愚痴が増え、言いようのない苦しみがUさんを蝕んでいきました。

さらに、つらいことは続きます。仲がよかった母親の他界です。Uさんはショックを受けますが、落ち込んでばかりはいられません。父子ふたりが食べていくために、なんとかがんばってつらくても働きつづけました。

しかし、そんなUさんも限界に達します。母の他界から1年後、突然、社長に辞表を提出したのです。詳しい理由を伝えることもなく、周囲から引き留められても耳を貸すことなく、退職しました。

ここからUさんのひきこもり生活が始まります。退職後、Uさんは外部との接触をいっさい断ち、一緒に暮らしていた父親にも心を閉ざすようになりました。

退職から8年、まったく外出しなくなって6年が経過し、あるご縁で私どもにご相談をいただき、ひきこもり回復のためのカウンセリングを開始することになったのが、今から1年前のことです。カウンセリングのなかで、Uさんには発達障害の1つである自閉スペクトラム症（旧・アスペルガー障害）の傾向が見受けられました。人づきあいが得意ではない、興味や関心のあることへの能力が高い、学力が高い、マルチタスクの仕事に苦痛を感じやすいといったUさんの特徴は、自閉スペクトラム症の代表的な特徴としても、よく知られています。

現在、Uさんは私どものカウンセリングと共に、保健師と精神保健指定医の訪問支援を受け、ひきこもりからの回復に向けて日々、一歩一歩、歩んでいます……。

Uさんのケースでは、彼が発達障害だと疑われるため「自分とは違う」と思われた方もいるかもしれません。しかし、過剰な生きづらさを感じている方のなかには、自分が気づいていないだけで、実は発達障害の特性を備えている方も少なくないのです。

Uさんは、発達障害支援が十分でない時期に子ども時代を過ごされました。Uさんの世代では、発達障害の特性が見逃されたまま大人になり、社会に出たあとで生きづらさを感じ、何かをきっかけにひきこもってしまう方も少なくないのです。Uさんのケースも、決して特別ではありません。

AさんもUさんも、多くの人と同じように進学、就職をしてふつうに働くなかで、失業や母の死など、誰にでも起こりうることをきっかけに、ひきこもってしまいました。

もし、そのようなきっかけがなければ、AさんもUさんも、ひきこもらなかったかもしれません。そう考えると、ひきこもりが決して他人事ではないことを納得していただけるのではないでしょうか。

日本は孤独先進国。誰もがひきこもり、孤独化する可能性が高い

なぜ日本人はひきこもりやすいのか

ここまで、2つの事例をご紹介しながら、「誰でもきっかけとなる出来事さえあれば、ひきこもる可能性がある」ということをお伝えしてきました。

中高年ひきこもりは、リストラ、親の介護、心身の不調など、何かしら家にこもらざるをえない出来事があれば、誰の身にも起こりえます。

さらに、とくに日本人は、このような出来事によってひきこもりやすい環境におかれていると言えます。なぜなら、日本人は「先進国でいちばん孤独な国民」だからです。

いったいどういうことでしょうか――。

「日本の繁栄指数」レーダーチャート

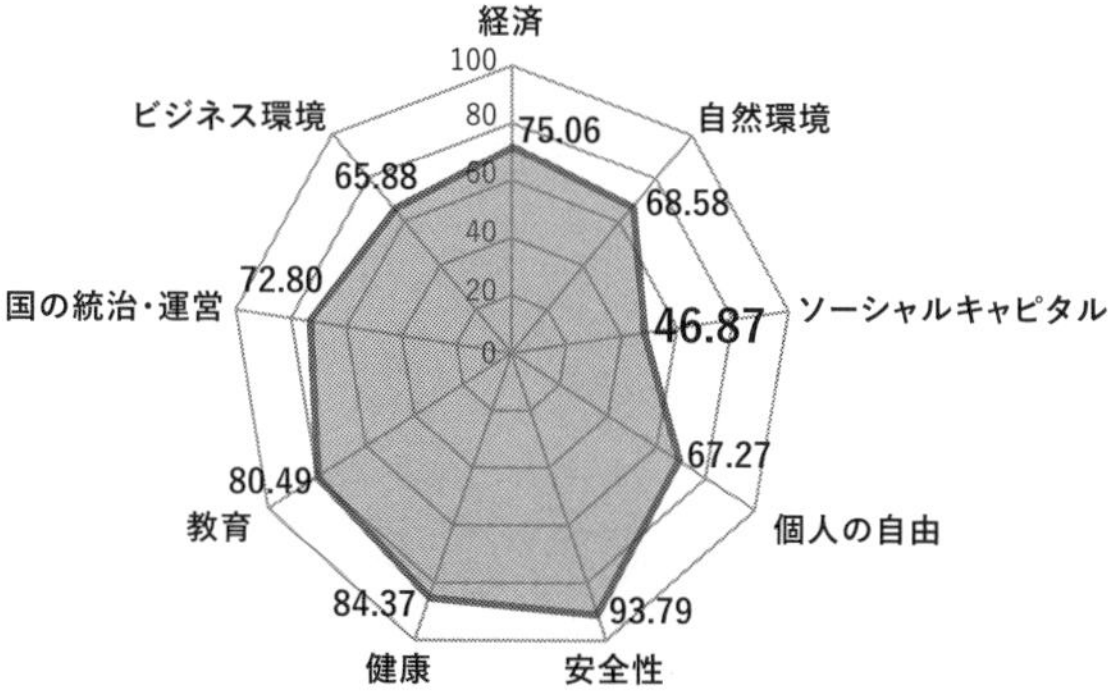

THE LEGATUM PROSPERITY INDEX™ 2018 ,Legatum Institute Foundation より作成。

２０１８年、英国シンクタンク「レガタム研究所」が国の繁栄に関する統計を発表しています。その統計では、１４９の国や地域で調査を行い、繁栄の度合いを経済、教育、安全性などの９つの項目にわけて数値化し、「繁栄指数」としています。日本の繁栄指数の結果は上記のグラフの通りです。

健康や安全性などの項目が高い指数を指すいっぽうで、ソーシャル・キャピタル（社会関係資本）の充実度が１４９カ国中、99位であり、ＯＥＣＤ（経済協力開発機構）に加盟する先進国31カ国中では、30位でした。最下位であったギリシャが、米Russell Investmentsにより発展途上国に範疇《はんちゅう》替えさせられたことを考えれば事実上、日本は先進国中では最下位となります。決して豊かではないガーナなどのアフリカ諸国を下回っているのです。

ソーシャル・キャピタルとは「家族以外のネットワーク（社会的なつながり）」を意味し、具体的には、ボランティアや地域活動への参加、地域社会での「人との信頼関係や結びつき」を示す概念です。

このソーシャル・キャピタルがきわめて低いということは、日本では家族などのコミュニティ以外に居場所を持たない人たちが圧倒的多数であることを示しているわけです。

でも、家族がいれば、孤独ではないのでは……。そう考えられる方もいるでしょう。先の2つの事例を思い出してください。AさんもUさんも、一緒に暮らす家族はいました。しかし、家族以外に居場所がなく、相談できる人もいなかったことが、彼らをひきこもり生活へと加速させたのです。

のちほどお話ししますが、「ひきこもりから回復するとき」には、家族である「親」の存在が大きな役割を果たします。家族、とくに親というのは本来、子どもの心の居場所（安全基地）や心の土台をつくるために欠かせない存在です。

しかし、時と場合によっては、家族はとても遠い存在にもなりえます。身内だからこそ話しにくかったり、助けを求めにくかったりすることもあるでしょうし、家族関係がうまくいっていなければ、当然ながら家族に助けを求めるのはむずかしいものです。

そんなときに助けを求められるコミュニティや仲間がいないと、孤独感が増し、ひきこもりになりやすいのです。先のデータでもわかるように、日本には社会的なつながりを持たず、「ふとしたことで、孤独になりやすい人」が多くいます。

家族や職場以外のコミュニティを持たない人が、なんらかの形で仕事を失ったり、家族との関係がよくないなかで家に閉じこもるようになると、孤独になり、一気にひきこもりやすくなるのです。

なぜ、孤独は人をひきこもらせるのか

ひきこもりを考えるときに、「孤独」の問題は避けて通れません。

孤独が人をひきこもり化させ、ひきこもることでその人の孤独が加速する……。そんな悲しい相乗作用があるのが、ひきこもりと孤独の関係なのです。

先の事例でも、１０００万円プレイヤーだったAさんは、「雇用打ち切り」ののちに、みずから周囲と連絡をとらないようになって孤独化し、ひきこもっていきました。

孤独になると、その人にじわりじわりと絶望が襲ってきます。絶望とは、読んで字のご

とく、望みが絶たれた状態なので、絶望に置かれた人はセルフイメージ（自己評価）が日を追うごとに低下していき、徐々に自分を粗末にしていくようになります。これが、いわゆる「セルフネグレクト」という状態です。

セルフネグレクトとは「自己放任」ともいわれます。自分の生活や健康の状態が悪化しているにもかかわらず、改善する意欲や助けを求める気力を失っていくことを指します。

孤独になり、セルフネグレクトの状態になると、何事にもやる気が出ず、改善もできなくなるのです。こうなると、ひきこもりがちな現状を改善しようという意識など持てません。部屋や家から出る頻度もどんどん減っていき、自分のケアをいっさいしないまま、ひきこもって生きていくようになると考えられます。

そもそも、家族をつくらない人も増えている

さらにいえば、自分のもっとも身近なコミュニティである「家族」をつくらない人も増えています。近年増加している未婚や独り暮らしの家庭です。

現在の日本では、50歳時未婚率（50歳までに一度も結婚したことがない人の割合）が右肩上がりで急増しています。

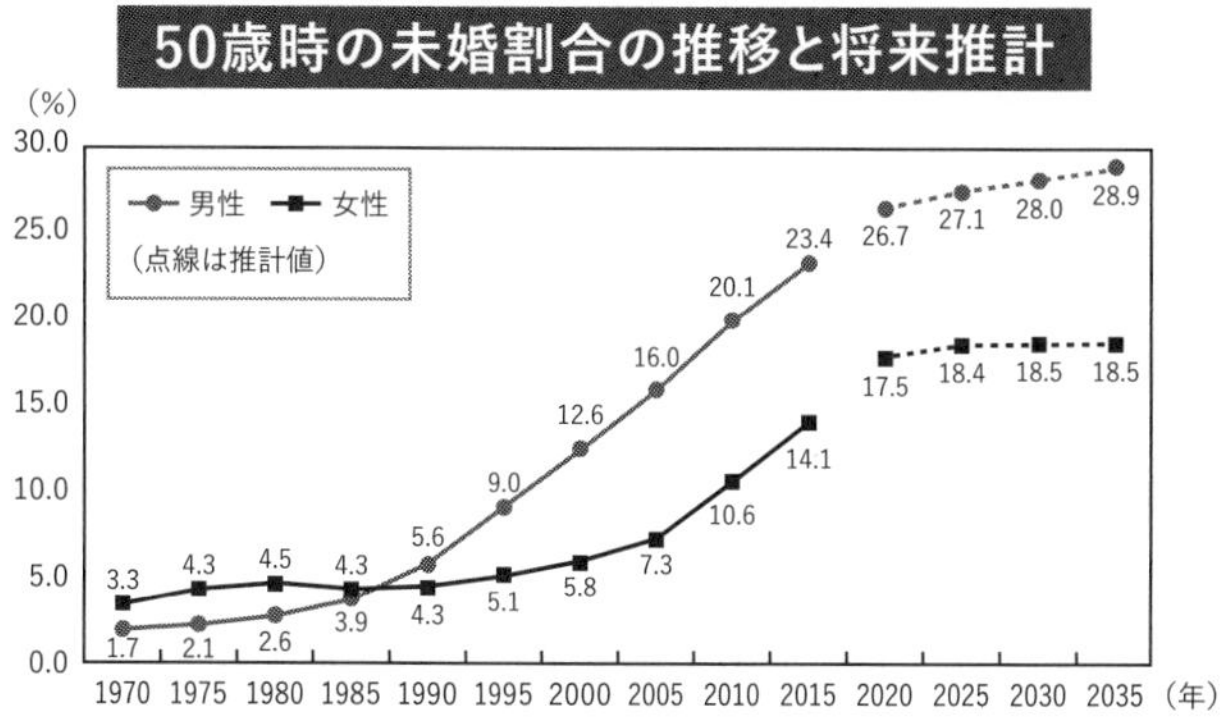

資料：1970年から2015年までは各年の国勢調査に基づく実績値
（国立社会保障・人口問題研究所「人口統計資料集」）。
2020年以降の推計値は「日本の世帯数の将来推計（全国推計）」（2018年）より、
45歳～49歳の未婚率と50歳～54歳の未婚率の平均値。

内閣府が行った「令和元年版　少子化社会対策白書」によると、２０１５年に男性23・4％、女性14・１％であった50歳時未婚率は、２０３０年には男性28％、女性18・５％にまで上昇すると見込まれています。さらに、国立社会保障・人口問題研究所の２０１８年の「日本の世帯数の将来推計（全国推計）」によると、単身世帯数（独り暮らし）の一般世帯総数に占める割合も２０１５年の34・５％から２０４０年には39・３％へ増加するという推計がなされています。

注意していただきたいのですが、ここでは、50歳の時点で未婚であることや、独り暮らしであることが悪いと言うつもりはまったくありません。家族というもっとも身近なコミュニティを持たず、孤独になっている人が多いという事実に注目していただきたいと思います。

家族や会社以外で、人とのつながりやコミュニティを持たない。さらに、その家族自体も持たない選択をする——。そのような人たちの増加によって日本には、孤独な人が増えていると言えるでしょう。

そして、怖いのはそんな方たちが、失業や親の介護などの「ひきこもりにつながるきっかけ」に出合ってしまったときです。もともと孤独であれば、ちょっとしたきっかけでひきこもりになることも、十分に考えられます。

日本では「おひとりさま」が市民権を得ており、〝孤独であること〟がふつうになっているようにも思えます。そして、孤独を楽しめるのであれば、それは決して悪いことではないという雰囲気も世の中にあるように思います。それ自体はまったく間違いではなく、「自分の意思で孤独を選ぶこと」も、よい選択かもしれません。

しかし、何かが起きたときにはじめて、自分の孤独と向き合うと、その重みに耐えられず、ひきこもってしまう方も少なくないと思われます。

だからこそ「自分は大丈夫」と高をくくっている方にこそ、孤独とひきこもりの問題を

「自分の事」としてとらえていただきたいと思うのです。

ひきこもりの何が問題なのか

ただの社会問題ではないということ

ここまでくり返し、「ひきこもりは他人事ではない」とお伝えしてきましたが、今のところ、ひきこもりと無縁な生活を送ってきていれば、「閉じこもっていても、なんだかんだ生きているのだから問題ないのでは？」と思う方もいるかもしれません。

この問いに対しては、ひきこもり、そしてひきこもりによる「孤独」はときに、その人の命をも奪う重大な問題となりえることを申しあげたいと思います。とくに中高年ひきこもりでは、「孤独による死」が顕著に見受けられるのです。

先に事例としてお伝えした２人の男性は、幸運なことに、ご自身の命をつなぎとめられていますが、ひきこもりでは、当事者が命を落とすケースも少なくありません。

ひきこもりを日本のどこかで起きている社会問題と曖昧に考えるのではなく、ひきこもりは「あなたの側にある命に関わる孤独の問題」と、考えていただきたいと思います。そして、その意味でも、決してひきこもりは他人事ではないのです。

そうは言っても「孤独が死につながる」ということに、いまひとつ実感が持てない方も多いと思います。ここでは、孤独がいかに人を追いつめてしまうかをお話ししましょう。

人は意図せずに、ひきこもり状態となった場合、その多くが心理的に孤独な状態となります。この孤独によって、自分を粗末に扱うセルフネグレクト状態になるのです。

2015年に出版された『セルフ・ネグレクトの人への支援：ゴミ屋敷・サービス拒否・孤立事例への対応と予防』（岸恵美子 他：編／中央法規）によると、セルフネグレクト状態に陥ると、単純にやる気が起こらなくなるだけでなく、次のようなさまざまな状態が現れることがわかっています。

①不潔で悪臭のある身体（入浴、整髪、身体の清潔など人並みの身繕いをしない）
②不衛生な住環境（掃除をしない、ゴミを捨てない、害虫を駆除しない）

③生命を脅かす治療やケアの放置（疾患の治療や服薬、支援を中断・拒否をする）
④奇異に見える生活状況（破れたり、汚れた衣類を着る、生活や気候に見合った服装をしない）
⑤不適当な金銭・財産管理（預貯金の出し入れ、公共料金や家賃の支払い、日常の買い物ができない）
⑥地域の中での孤立（友人や知人、近隣住民との関わりを拒否する）

これら①～⑥（右記かっこ内は筆者による本文の要約）を見てもわかるように、セルフネグレクトは、生きることを放棄している状態であり、別名「緩やかな自殺」ともいわれています。

ひきこもりによる孤独、そして、その孤独によるセルフネグレクトは、命の問題に関わってきます。実際、一般社団法人日本少額短期保険協会孤独死対策委員会の２０１９年の「孤独死現状レポート」では、60歳未満の現役世代（20代～50代）の孤独死は孤独死をした人全体に対して、４割を占めると報告されていて、合計で１２７３人もいるのです。

これらすべてがセルフネグレクト状態にあったとはもちろん言えませんが、ただ、孤独が人を追いつめ、死に導いていくことがおわかりいただけたかと思います。ひきこもりは、「命に関わる孤独の問題」であると言えるのです。

切迫する「8050問題」

親が死んだあとどうなるのか

中高年ひきこもりの抱える問題として、避けて通れないものが、もう1つあります。それが、「8050（はちまるごーまる）問題」です。長期化するひきこもりによって、ひきこもりの方々を支える親が80代になり、その80代の親の年金で50代の子どもを支えていかなければならないというのが、この問題の中心的テーマと言えます。

ひきこもりの長期化と高齢化は、現在も進行中です。このままでは「9060問題」になるのも時間の問題でしょう。そのため、「8050問題」はきわめて深刻な社会問題となっているのです。冒頭で触れたAさんの話を思い出してください。親子ふたりの唯一の収入が母親の1カ月に8万7000円の年金だけでした。年金が入るまえの3、4日間は、いつも米と味噌だけで食いつなぐという、ギリギリの生活を送っていたわけです。

さらに深刻なのは、親が亡くなったあと、ひとり残された子どもが、収入が途絶えて、餓死する可能性がある点でしょう。

のちほど詳しくお伝えしますが、内閣府が行った中高年のひきこもりの実態調査によると、40歳〜64歳のひきこもりの推計数が61万3000人。そのうち、生計を立てているのが、ひきこもっている「本人」が約30%で、「父親」が約20%、「母親」が約13%です。「父親」と「母親」を足すと約33%。つまり、ひきこもりの実に3割強の人たちが親の収入に頼っていることになります。

この3割強の方々の一番の不安は、言うまでもなく親が亡くなったあとの生活でしょう。親の収入が途絶えてしまったら、どうやって食べていけばいいのか……。本人だけでなく、当然、親御さんたちの最大の不安でもあり、カウンセリングに初めておみえになる70代、80代の親御さんたちもその多くが「私が亡くなったあと、子どもがどうなるのか。それを考えると、夜も眠れません」と、不安を訴えられます。

親が亡くなって、年金という収入が途絶えれば、生活保護などの社会保障に頼ることもできそうですが、最近では、国も地方自治体もこれまでにないほど生活保護費の削減に「熱心に」取り組んでいるように感じます。のちほど詳しく触れますが、生活保護の受給許可が下りるのは、税収の低い地方自治体ではかなり厳しいのが現状です。

収入がゼロとなり、ひきこもりで働くこともできないし、たとえ、働きたいという気持ちがあっても「50歳の壁」に阻《はば》まれるなどして、中高年の方たちが就職先を見つけることは至難の業と言えます。

生活保護も受けられない、仕事も見つからないとなれば、どうなるのでしょう。収入は完全に途絶えてしまいます。そうなれば、当然のこととして、お米も買えなくなり、最終的には餓死するしかありません。この点から見ても、「ひきこもりは人が生きていけるか、いけないかの問題」であり「命の問題」なのです。

このようなお話をすると、餓死するほどの状況になるまえに誰かに相談したり、助けを求めることはできないのか――。そう考える方もいるでしょう。それができないことが、中高年ひきこもりの抱えるさらなる問題です。

ひきこもりが長期化すればするほど、社会とのつながりは失われていき、社会での行き場も居場所もなくなって、情報からも隔絶され、孤立していきます。孤立し、孤独のなかでやっと生きているひきこもりの人たちは、生きるか死ぬかというときにも、相談したり助けを求めたりする友人も、親戚の人たちもいないのです。

ひきこもっている当人だけでなく、親もまた命の危険に直面する可能性もあります。70代、80代ともなれば、病気で倒れたり、要介護になったりする可能性も高まります。そうなったときには、年金から医療費や介護費を捻出すればいいわけですが、ひきこもりの子どもの生活費も年金で賄《まかな》っているわけですから、金銭的な余裕がなく、病院へも行けず、介護サービスも受けられないまま、親子が共倒れするケースも現に起きているのです。

２０１８年3月5日付の北海道新聞が「母と娘　孤立の末に　札幌のアパートに2遺体　82歳と引きこもりの52歳　『８０５０問題』支援急務」として、ひきこもる中高年とその親が孤立死したという事件を伝えました。親子共に社会福祉にも医療にもつながりがなく、前年12月の中旬に母親が、同年末に娘さんが低栄養状態による低体温症で亡くなるという痛ましいものです。これは氷山の一角に過ぎず、今後、支援策を整備しなければ同様の孤立死は増え続けるものと思われます。親なきあとの対策として弁護士や司法書士、税理士、不動産鑑定士らがライフプランの作成などを現実化させる一般社団法人ＯＳＤよりそいネットワークを2017年に発足しています。しかしながら、このような必要な支援がまだ行き届いていない現状があります。

これらのことからも「8050問題」はひきこもりの本人にとっても深刻であり、それだけではなく、親をも巻き込みかねない大問題なのです。また、親が子のひきこもりを隠してしまうことで、子の命も巻き込みかねない大問題であることもあわせてお伝えしておきます。

そもそも、中高年ひきこもりとは

調査から見えてくる「中高年ひきこもり」の姿

「中高年ひきこもり」は自分の身にも起こりうること、そして、さまざまな観点から考えて「命に関わる問題である」ということを知っていただいたうえで、ここからは、2018年12月に内閣府がはじめて全国199市区町村200地点の満40歳~64歳の5000人の男女を対象に、調査員の訪問により行った実態調査『生活状況に関する調査』に基づいて、「中高年ひきこもりの現状」に迫っていきたいと思います。

◆定義

まず、調査のベースとなる「ひきこもりの定義」について触れておきましょう。

今回の内閣府の調査では、ひきこもりを「狭義のひきこもり」と「準ひきこもり」の2つに分類し、この2つを合わせて「広義のひきこもり」と定義して、調査を行いました。

狭義のひきこもりは、①「ふだんは家にいるが、近所のコンビニなどには出かける」、②「自室からは出るが、家からは出ない」、③「自室からほとんど出ない」の3つの状態を指します。①から③へと、「ひきこもり度」が高くなっているのがわかります。そして、これが、「部屋からほとんど出てこない」といった、多くの人が想像するひきこもりの姿でしょう。

準ひきこもりは、「ひきこもりに準ずる」ということで、「ふだんは家にいるが、自分の趣味に関する用事のときだけ外出する」人たちを示します。

狭義のひきこもりと、準ひきこもりを合わせたのが広義のひきこもりですが、これには

内閣府の「ひきこもりの定義」

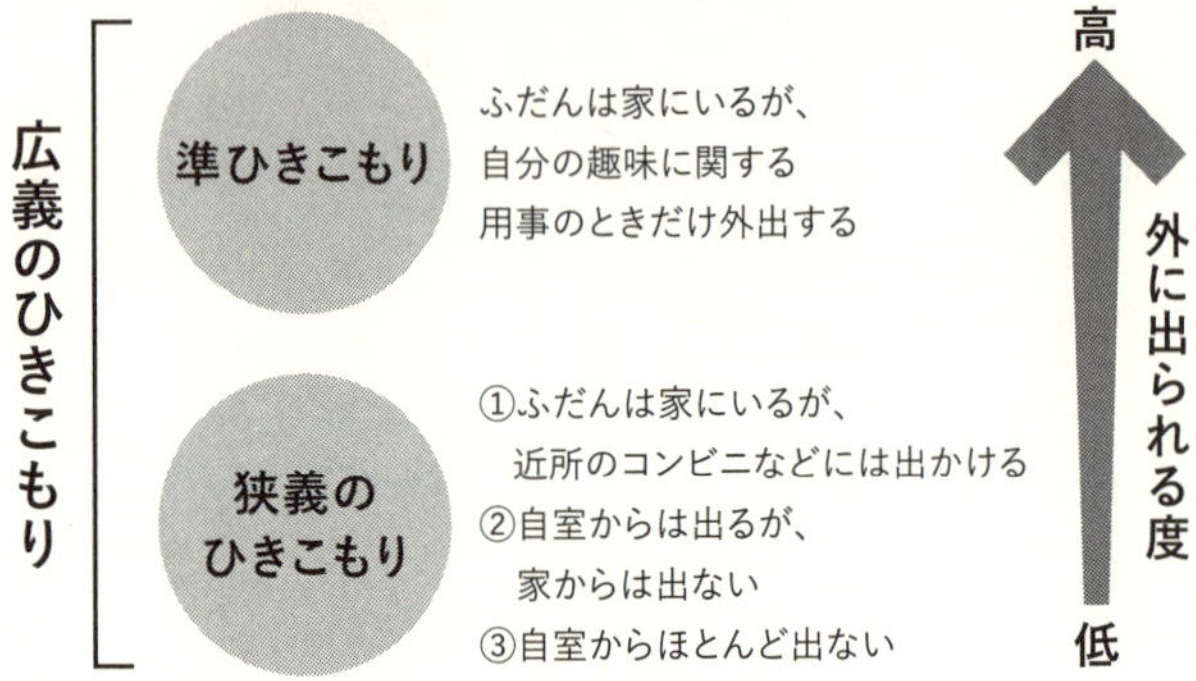

※この状態が6カ月以上続くことを指す

条件があります。前に述べた状態が「6カ月以上連続していること」です。さらに、身体的な病気が理由だったり、仕事のために家にこもっていたりする場合は、ひきこもりの対象から除外すると記されています。

ですから、たとえば3カ月間、家に閉じこもっただけで、そのあと、外へ出ていけるようになった方は、このひきこもりの定義にはあてはまりません。また、寝たきりの方とか、あるいは、執筆活動や作曲などの創作活動のために外へ出られない方は、その状態がたとえ6カ月以上続いていても、ひきこもりの定義からは外れることになります。

以上が、内閣府が定義づけしたひきこもりの状態です。

ひきこもりの一般的なイメージとはかなり違うことに気づかれたことでしょう。自室や自宅からほとんど出られない人ばかりではなくて、コンビニに出かけることができたり、あるいは、趣味の用事のために外出したりする方も「ひきこもり」と定義しているのです。

◆人数

次に、中高年ひきこもりの数について見ていきましょう。40歳から64歳のひきこもりの人数は61・3万人です。前回、2015年に行われた「15歳から39歳の若年層を対象にした調査」では、その数が54・1万人でした。同時期の調査ではないにしろ、大まかには若年層よりも中高年層のひきこもりのほうが多いと考えてよいでしょう。

これらの数字から、ひきこもりが若者に特有の現象ではないこと、そして、ひきこもりの高齢化が見てとれます。

また、15歳～39歳の54・1万人と40歳～64歳の61・3万人を合計すると、100万人超えの115万人もの方々がひきこもっていることになります。

日本の総人口が約1億2000万人ですから、約100人に1人の割合です。ひきこもりの方々の支援に取り組んできた私どもでも、この数字をあらためて突きつけられたときには衝撃を受けました。

◆男女比

続いて、61・3万人という数字を男女別で見てみましょう。76・6％が男性で占められていて、圧倒的多数が男性です。過去2回の若年層の実態調査における男女比も、男性60〜70％、女性30〜40％とほぼ変わりがなく、中高年でも若年層でも男性の割合が非常に高いことがわかります。

これはいったいなぜなのか？　と思われる方もいらっしゃるかもしれません。しかし、一般的な感覚に沿って考えてみると、少し見えてくるものがあります。

たとえば、女性の社会進出が進んだとはいえ、今なお男性のほうが女性よりもはるかに社会参加を求められる存在と言える点です。実際、昼間から仕事もせずにブラブラしている男性には厳しい視線が向けられやすく、場合によっては「奇異な存在」とみなされがちです。そのため、職を失って無職になった男性たちは、世間の厳しい目にさらされるつらさから、外出することに対して気が重くなってしまいます。それがやがて不安を惹起《じゃっき》させ、心を萎縮させていき、ひきこもってしまうケースも多いのです。

いっぽう、女性の場合は幸か不幸か、日本には家事手伝いや専業主婦といった「肩書き」が違和感なく受け入れられる風土があります。そのため、社会参加をしていなくても、また、無職であっても、男性のように厳しい視線を感じなくてすむように思います。そのため、ひきこもりたいという思いや衝動は男性よりも軽減され、結果として、ひきこもる女性の人数は男性よりも少ないと考えられてきました。

ただし、女性のひきこもりには見えづらい面があり、実際には調査結果の数字よりもはるかに多く、男性のひきこもりとさして変わらないのではないかともいわれています。

◆期間

ひきこもりの期間については、「3年以上5年未満」が21・3％と最多ではありますが、7年以上の方たちを合計すると46・7％にもなります。半数近くの方々が7年以上もの長期にわたりひきこもっているわけで、いったんひきこもると、再び外出できるようになるのが容易ではないことがみてとれます。

◆就職について

今回の調査では注目すべき結果がいくつかありますが、なかでも驚いたのが「35歳以上での無職の経験」をした人が53・2%もいるという事実です。半数近くが35歳以上で無職になったのですから、それまでは働いていたわけです。しかも、「働いた経験」という項目を見ると、「正社員として働いたことがある」人が73・9%もいるのです。これはある意味、驚くべき数字だと言えます。35歳になるまえは正社員として働いていた人たちが、中高年ひきこもりのなかにはかなりの割合でいると言ってよいでしょう。

「働きにも出ない、怠け者がひきこもりになるのだ」といった自己責任論は、53・2%（35歳以上で無職になった）と73・9%（正社員として働いた経験がある）という数字のまえでは、もはや通用しないと言ってもいいと思います。

◆年齢のばらつき

中高年ひきこもりの人数の中で、もっとも多い年齢層が、40歳～44歳と、60歳～64歳の25・5%でした。40歳～44歳はまだまだ働き盛りの世代です。そして、40歳～44歳の方々といえば、「就職氷河期」の直撃をモロに受けた年代だと言えるでしょう。

就職氷河期とは、１９９３年から２００５年頃に大学を卒業した人たちを見舞った、戦後最大の就職難の時期のことです。

２００３年の大卒の就職率は実に55・１％まで落ち込んでいるのですから、半分近くの人たちが大学は出たけれど、就職できなかったことになります。

さらに、40歳～44歳では33・３％もの方たちが20歳～24歳でひきこもり状態になっているのです。就職氷河期によって就職できなかったことで、ひきこもるようになった方が多くいるという可能性が考えられます。

◆暮らし向き

ひきこもりの方々の暮らし向きについては、どうでしょうか。

調査項目のなかに、生活水準を自分の実感で答える項目があります。ひきこもっている方々のなかでは「中」と答えた人が66％でもっとも多く、「下」は31・９％です。

これに対して、ひきこもりでない人たちでは、「中」が78・２％で、「下」が16・７％です。ひきこもりの人たちはそうでない人に比べて、生活水準が低い状態にあることが読みとれます。

とはいえ、ひきこもりの方でも、自分を中流と感じている人が6割以上もいるではないか……と、思われた方もいるかもしれません。そこで、「中」をさらに上、中、下に分けて見ていくと、「中の上」と答えた人（8・5％）よりも、「中の中」（34％）、「中の下」（23・4％）の人が圧倒的多数を占めているのです。「中」であっても、「下に近い中」と感じている方が比較的多くいることがわかります。

さらに「どのように生計を立てているのか」も見てみましょう。「本人」と答えた人が29・8％、「父親」が21・3％、「母親」が12・8％、そして、「配偶者」が17％でした。

ひきこもっている本人がなぜ生計を担うことができるのか。これはおそらく、貯金や親の遺産を切りくずしながら生活をしているからだと考えられます。

◆ひきこもるきっかけ

ひきこもったきっかけをたずねた質問（複数回答）では、「退職したこと」が36・2％で最多でした。次いで、「人間関係がうまくいかなかったこと」と「病気」が共に21・3％、そして、「職場になじめなかった」の19・1％と続きます。

やはり、仕事をなくしたと同時にひきこもってしまうというのが、中高年ひきこもりには多いことがうかがえます。

◆将来について

最後にご紹介したいのが、「就職・進学を希望するか」という質問への答えです。「希望していない」の回答が60・9％にもおよびました。これはかなり異様な数字です。就職先で傷つけられた体験などから、疲れはて、社会そのものに希望を失って、今ではもうすっかり諦め、仕事を探す意欲もわかない人たちが数多くいることを、この数字は物語っているのだと思います。

ひきこもっている中高年の方々は今のところ、政治や福祉政策によっても救われることのない経済的弱者であるとも考えられ、中高年ひきこもりは個人の性格や資質や自己責任といった問題以上に、国の経済政策をはじめとする社会的要因、環境的な要因が大きく作用しているのです。

調査から見えてくる「ひきこもりの本質」

家にこもる人だけが、ひきこもりではない

ここまで、内閣府の調査結果をもとに、中高年ひきこもりの現状を読み解いてきました。調査結果を見ていくと、ひきこもりの一般的なイメージとはかなり違うことに気づかれたこともあったでしょう。

ここからは、私自身の見解もまじえて、ひきこもりについてさらに考えてみます。

先ほどの調査結果から、ひきこもりと定義される方々のなかにも、近所のコンビニに出かけたり、趣味の用事で外出したりしている方がいることがおわかりいただけたと思います。これは、大切なことながらよく誤解される点なのですが、ひきこもりの方々は限られた範囲とはいえ、出かけられる人が多いのです。

しかも、外出できる人のほうが多くいます。

ただし、このようにたとえ外出できるとしても、その行き先には特徴があります。外出

先は他者との情緒的な接触がない場所に限られることが多いのです。趣味の用事で外出するとしても、そこは、たとえば、趣味の話で仲間と盛りあがる集会などではなくて、趣味のグッズを売っている専門店だったりします。また、これといった会話をしなくてもよい近所のコンビニなどには行けても、洋服店などには入れないことが多いのです。

それは、多くのケースで、集会や洋服店では情緒的な接触が発生するためです。たとえば洋服店では、店員さんに「試着してもいいですか？」と話しかけたり、場合によっては、裾上げなどをお願いしたり、サイズの確認なども依頼しなければならなかったりするでしょう。そういったことが怖くて入れなかったりするのです。

また、2018年の内閣府の調査では、注目すべき点がもう1つあります。

それは、妊娠、介護、看護、家事、育児をしている方もひきこもりの対象にしていることです。つまり、6カ月以上のあいだ、大半の時間家にいて家族以外とほとんど会話しなければ、妊婦さんであれ、介護や看護をしている方であれ、家事手伝いや育児の真っただ中の人であれ、ひきこもりとみなしているのです。

内閣府は2009年と2015年に15歳～39歳の若年層のひきこもりの実態について調

査を行っていますが、この2回の調査では、それらの人たちはひきこもりの対象からあらかじめ除外されていたのです。今回はそのような方々も調査の対象になったわけですが、これは、ひきこもりの本質により沿った形で調査が行われたという点で、大いに評価されるべきだと、私は考えます。

世の中には「介護や育児をしていて、それらが本当に忙しかったり、体力的にきつかったりしたら、時間的にも物理的にも外出できない時期があるのは当たり前だし、仕方ないことだよね」といった雰囲気があるように思えます。

推測ではありますが、以前の調査ではそのような世の中の空気が少なからず反映されていたのかもしれません。

しかし、義親のシモの世話に明け暮れているお嫁さんであれ、子育てに孤軍奮闘しているママさんであれ、たとえみずからの意思ではないにしろ、結果的に6カ月間以上連続して家族以外の人とほとんど会話をしない状態が続いていれば、その日々の生活の状況はひきこもりの方となんら変わりがありません。

社会とのつながりが絶たれて、孤独な日々を送っている点で、他のひきこもりの人たちと同じわけです。

以上の2点を踏まえて、ひきこもりとは何か――。内閣府の定義づけに加えるとしたら、「たとえ外出することがあっても、行き先は情緒的な接触のない場所であり、かつ、社会とのつながりを失って孤立し、孤独にさいなまれながら日々を過ごしている方たちの状態」と言えると思います。

都市部の中高年ひきこもり、地方の中高年ひきこもり

さらに、ひきこもりの方々の現状に迫っていきましょう。都市部と地方では、ひきこもりの方々に何か違いはあるのでしょうか。

地方のほうが、ひきこもりやすい理由

ひきこもりというと、ご近所とのつきあいも少ない都会のマンションや戸建ての一室で息を殺しながら暮らしている、そんなイメージがあるかもしれません。しかし、実際には、

都市部よりも地方のほうに、ひきこもる人が多い傾向にあります。これも、数々の調査から読み解いていくことができます。

まず、ご紹介したいのが、長野県が2019年2月から4月にかけて、15歳～64歳を対象にした「ひきこもり等に関する調査」です。この調査によると、ひきこもりの出現率は0・20％でしたが、さらにこまかく見ていくと、市部が0・16％に対して、町村部は0・36％と、市部よりも町村部のほうがひきこもりの出現率が高かったのです。

また、秋田県藤里町では戸別訪問（事実上の全軒調査）が行われました。藤里町は白神山地のふもとの人口3800人（現在、約3200人）の小さな町。町の社会福祉協議会の人たちが先頭に立ち、自治会や民生委員、PTAなどのネットワークを活用して、1軒ずつしらみつぶしにまわって調査をしたというから驚きですし、頭が下がる思いです。

その結果、ひきこもりの方の率が人口全体の8・74％にものぼることがわかりました。65歳以上の高齢者が人口の4割を超えている町で、11人に1人がひきこもっていたのです。

これらに対する都市部の調査としては、町田市の調査があげられます。全軒調査ではありませんが、町田市でも2012年に20歳～64歳を対象にひきこもりの実態調査を行っていて、結果は、ひきこもり率が５・５％でした。約18人に１人がひきこもっていることになります。

この数字自体、内閣府の１００人に１人よりもはるかに多いわけですが、地方である秋田県藤里町の８・７４％よりも低くなっています。

なぜ、都市部よりも地方にひきこもりが多いのでしょうか。

先ほど、女性よりも男性にひきこもりが多い理由の１つとして、無職の男性に向けられる社会の目の厳しさをあげました。彼らには、不審者や無能力者を見るような、偏見的差別を含んだ視線が送られがちなのです。そして、この傾向は、地方圏ほど顕著だと考えられます。

地方圏にはいまだ閉鎖的なムラ社会の名残や同質性を好む傾向があるところが多いので、異質な者へのまなざしは都会以上に厳しくなります。

人口が多い東京であれば、他人の行動にそこまで注意を注げません。そもそも無職の人が、新宿の街を昼間からぶらついていても誰も気にかけないし、奇異な目で見ることもないでしょう。

ところが、地方圏では昼間から仕事もしないで外をぶらぶらしていれば、それだけで目立ってしまい、非難するような目で見られて、噂にもなるでしょう。それを思うと、外へ出づらくなるのが自然ですし、いったんひきこもってしまうと、冷たい視線を浴びることへの不安がさらに高まり、いっそう外へ出づらくなるのでしょう。

実際に、「都市部よりも過疎部で強まる誤解や偏見」として東北の家族会（ひきこもりの方々の家族でつくられる団体）から次のような声が届いています。家族会のつくる情報誌『ＫＨＪジャーナルたびだち91号―Starting Over　自由な心で生きる―』から、ご紹介しましょう。

……「ひきこもり＝悪」だという当地の県民性もある。家族や当事者に対して特別視し、気遣いをし過ぎる人がいる一方で、「恥さらし」という人もいる。世間の目から責められるように、家族は「解決ありき」になりすぎて、当事者を追いつめ、家族と当事者のひずみは、ますます混迷している。

この声からもやはり、都市部よりも地方のほうにひきこもりが固定化されやすい環境要因があると、考えられます。

さらに、地方圏にひきこもりが多い理由としては、雇用が都市部よりも少ないことがあげられます。就職先を探しても、見つからないまま、最後には職探しに疲れはてて、ひきこもってしまう方も多いのです。

都会でも雇用が厳しいことはたしかですが、それでも非正規やアルバイトならまだ見つかる可能性があります。低賃金で、いつ解雇されるかわからないけれど、それでも、あるだけいいと言えないわけでもありません。ところが、地方とりわけ町村部へ行くと、非正規やアルバイトでさえ見つけるのは困難だと考えられます。

雇用という経済的、政治的な問題が人々の暮らしに暗い影を落とし、そして、そのことが1つの原因となってひきこもっている人がいるとしたら、雇用状況が厳しい地方圏にひきこもりが多いのは当然の帰結と言えるでしょう。

第2章

ひきこもりになりやすい人 なりにくい人

中高年ひきこもりは2種類に大別できる

中高年ひきこもりの「従来のタイプ」と「新しいタイプ」とは

失職や病気、大切な人の死などをきっかけに、人は誰しもひきこもりになる可能性があります。しかも、日本は先進国のなかで「もっとも孤独な国民」。社会とのつながりが希薄で、誰からも助けてもらえずに孤立していく人たちが多く存在するのです。そのことが人々をひきこもりへと陥らせ、また、ひきこもりからの回復を遅らせる大きな要因ともなっています。ひきこもりは決して他人事として片づけられる問題ではないのです。

とはいえ、ひきこもる人たちには共通項が見受けられるのも確かです。いったいどのような人たちが、どのような過程をへてひきこもっていくのでしょうか。現に今、ひきこもっている方たちの心のなかでは、どんな苦しみや葛藤が渦巻いているのでしょうか……。

本章では、ひきこもりの人たちに共通する資質や心性、親子関係を含めた環境、心の動きなどを見ていきながら、中高年ひきこもりの実像に迫っていきたいと思います。

ひきこもりといえば、若年層（15歳～39歳）のものというイメージが一般的でしょう。実際、内閣府はひきこもりの実態を過去に2回、調査していますが、いずれも若年層を対象にしていました。

しかし、ひきこもりの長期化や高齢化にともない、どうやら中高年層（40歳～64歳）にもひきこもっている方たちが多くいるようだと考えられるようになりました。そして、内閣府も２０１８年には中高年を対象にひきこもりの実態調査を実施したのです。

その結果から、従来の若年層では見られなかった、中高年に特有の「新しいタイプのひきこもり」が浮かびあがってきました。第１章でご紹介した事例などはその典型的な例と言えるでしょう。

もちろん、新しいタイプのひきこもりの方がいるいっぽうで、従来の若年層と同様のタイプのひきこもりの人たちも見られます。

中高年ひきこもりは従来のタイプと新しいタイプとの2種類に分けて考えない限り、その実態を的確に把握することも、理解することもできないという思いを強くします。

そこで、私の考える「従来のタイプのひきこもり」「新しいタイプのひきこもり」について、簡単に説明しましょう。

①**従来のタイプ**：思春期から20代前半における挫折によってひきこもり、そのまま中高年までひきこもっているタイプ。もしくはぶり返し（ひきこもりから抜け出したあとで、再びひきこもってしまうこと）が続いた結果、ひきこもりが固定化したケース。本人の繊細な資質や性格的な傾向、不適切な養育経験、いじめや人間関係のトラブルなどによるところが比較的大きいひきこもりを指します。これまで論じられてきたひきこもりの多くは、こちらに相当すると言えるでしょう。

②**新しいタイプ**：雇用状況などの社会的要因や、職場などでのパワハラ・セクハラ、親の介護を含めた環境要因によって、ひきこもらざるを得なくなったタイプ。個人の資質以上に社会や国の経済政策の失敗等が抱える諸問題が影響しているのが特徴で、これまであまり扱われることのなかったという意味では、新しいタイプのひきこもりと言えます。

もちろん、ひきこもりになる原因やきっかけは人それぞれですし、性格的な要素や社会的な背景などが複雑に絡み合っていますので、完全に分けられるものではないことは承知しています。しかし、話をわかりやすくするためにも、ここでは、中高年ひきこもりを以上の2つに大別して話を進めていきます。そして、この2つのタイプのうち、中高年ひきこもりでとくに注目したいのは、②の新しいタイプでしょう。このタイプに属する人のほとんどが、ひきこもる以前は、正社員として働いてきた「一人前の社会人」でした。しかし、なんらかの理由でひきこもってしまったのです。新しいタイプのひきこもりの方々は、ひきこもりを「自分の事」として考えるべき問題であるとして、私たちに突きつけてくれていると感じます。

多くの人に見られるアイデンティティの脆弱さ

中高年ひきこもりは2つのタイプに分けられるいっぽうで、タイプを問わず、ひきこもる方々に共通して見られることがあります。「アイデンティティの脆弱《ぜいじゃく》さ、曖昧《あいまい》さ」です。

若年であれ、中高年であれ、また、ひきこもってしまったおもな要因が本人の資質や性向に帰するものであれ、あるいは、雇用問題などの社会問題の反映であれ、ひきこもっている方々のほとんどが、アイデンティティが脆弱で曖昧な状態にあるのです。

では、そもそもアイデンティティとはなんなのでしょうか——。

「アイデンティティ」には「自我同一性」という日本語があてられています。

米国の心理学者で、精神分析研究家のエリク・H・エリクソンが1950年代に提唱した概念で、現在ではこの言葉が広く知られるいっぽうで、非常に多岐にわたる概念となっていますので、ここでわかりやすく定義し、要約しておきましょう。

アイデンティティとは「自分が自分でいい、そして社会からもそんな自分（あなた）でいいと思われているであろう確信」を意味します。

つまり、アイデンティティは2つの要素から成っていて、1つが「自分が自分でいい」という感覚で、これは「自己肯定感」と言いかえることができます。そして、あとの1つが、社会からも「そんなあなたでいい」と思われているであろうという確信です。

前者の自己肯定感では、自分が自分に対して「主観的に」許可を出している状態なのに対して、後者は社会との相互関係のなかで、自分が容認されているという感覚を指し、「社会的に認められている私」という感覚が持てる状態と言えるでしょう。

多くの場合、この2つはたがいに連動し、あるいは、補完し合う関係にあります。

アイデンティティをつくる2つの要素

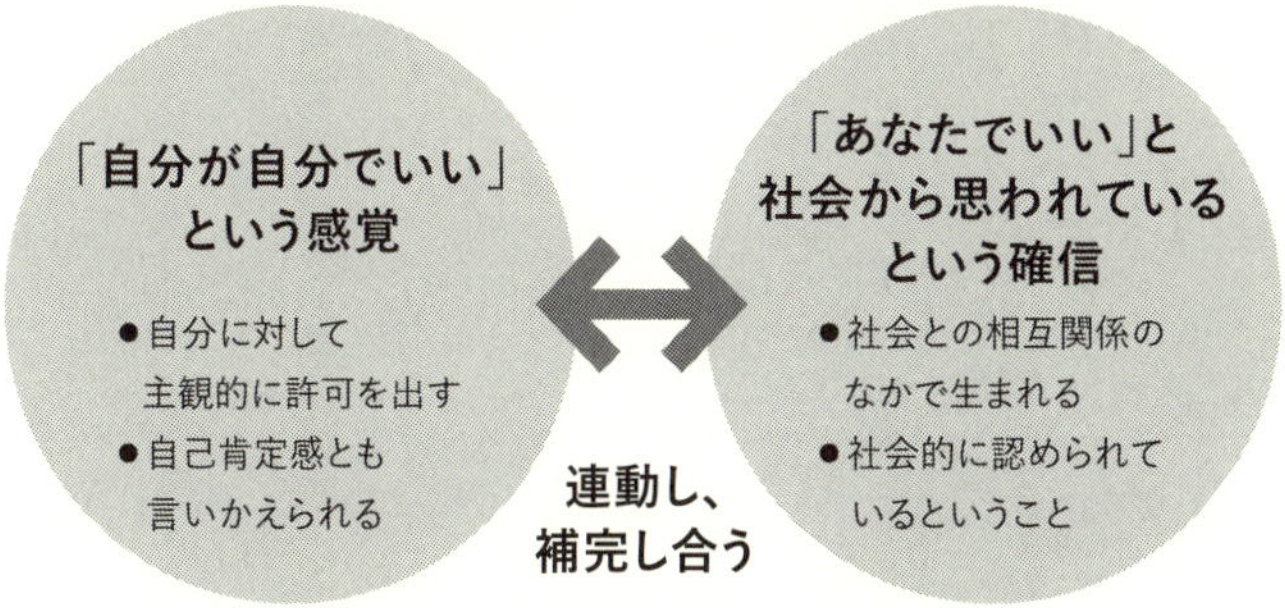
「自分が自分でいい」
という感覚
●自分に対して
主観的に許可を出す
●自己肯定感とも
言いかえられる
連動し、
補完し合う
「あなたでいい」と
社会から思われている
という確信
●社会との相互関係の
なかで生まれる
●社会的に認められて
いるということ

社会的に自分が認められているという感覚が高まると、自己肯定感も強化されますし、逆に、社会的に認められているという感覚が低ければ、自己肯定感もそれにつれて低くなりがちです。

具体的には、たとえば、望む仕事に就けたことで、社会に認められているという確信が高まると、多くの人たちは自己肯定感も高まりますし、会社を解雇されて無職の状態が長く続いたりすれば、社会から認められている自分という感覚が曖昧になり、そのことによって、それまでは高かった自己肯定感が低下する人も多いでしょう。

また、たとえ会社を解雇されて、社会から認められているという感覚が低下しても、もともと自己肯定感の高い人では、アイデンティティが崩壊しないですむかもしれません。つまり、会社をクビになっても、自分の人間の価値は変わらないぞ、と思えるわけです。

アイデンティティは「自分が自分でいい、そして社会からもそんな自分（あなた）でいいと思われているであろう確信」でした。これはまた、人が青年期以降を生きていくうえでの「土台」のようなものだと、私は思います。

アイデンティティという名の土台が堅固であれば、社会に出たときも、多少の困難に遭遇しても揺らぐことなく、安定して立っていられます。しかし、それが脆弱だと、衝撃を受けたとき、たとえそれが小さなものであっても、土台が揺らぎだし、その上に立っている人間もグラグラと揺れてしまうでしょう。

このような不安定な状態のまま外へ出ていくのは大きな不安と恐怖を伴うので、家に閉じこもってしまう……。ひきこもりがアイデンティティを獲得できていない状態（これを「アイデンティティの拡散状態」と言います）にあるというのは、そういう意味なのです。

ところで、同じようにアイデンティティが脆弱で、曖昧な状態にあっても、ひきこもりの「従来のタイプ」と「新しいタイプ」では、その質やそこにいたるプロセスには、はっきりとした違いがあります。いったいどのような違いなのか……。

それを明らかにしながら、どのような人がひきこもりになりやすいのか、また、ひきこもりとなるきっかけや過程はどのようなものかについて考えていきたいと思います。

まずは、「従来のタイプ」から話を進めましょう。

どんな人が「中高年ひきこもり」になりやすいのか
――その①「従来タイプ」のひきこもりについて

「基本的信頼」の有無がひきこもりの第一の分岐点

「従来のタイプの中高年ひきこもり」は、思春期から20代前半における挫折が長期化したもので、本人の資質や不適切な養育経験、いじめなどによるところが比較的大きいひきこもりです。そのなかでも、資質や性格的な傾向をつくりあげるものとして、「基本的信頼」があります。

基本的信頼は「乳児期（生後0日〜1歳未満）」に確立され、アイデンティティ獲得の最初の一歩ともなるものです。そして、なんらかの理由でこの基本的信頼を獲得できないと、そのことがのちのちひきこもりを引き起こす要因となりえます。どういうことでしょうか——。

赤ちゃんはオギャーと生まれたときから、母親、もしくは母親の代理となる人に抱きしめられたり、ほしいときに母乳、もしくはミルクが与えられたりすることで、基本的信頼を得るようになります。

逆に、ほしいときに母乳、もしくはミルクが与えられず、抱きしめてほしいときにも放置されると、「基本的不信」を身につけてしまうのです。

では、そもそも基本的信頼とは何でしょう。

赤ちゃんは泣いて、おっぱいがほしいよ、オムツを替えてほしいよ、気持ち悪いよ、と母親に訴えます。このとき、望みどおりに世話をしてもらえることで、赤ちゃんは自分が大事にされていることを感じられ、大事にされている存在であることを確信します。そうなったとき、相手を信頼するようになるのです。

赤ちゃんが母親を信頼するようになると、合わせ鏡のように、母親も赤ちゃんに信頼されていることを感じます。母親と子どものあいだに生まれる、このような信頼関係が「基本的信頼」なのです。

「あなたのことを信頼しているわよ」と口で言ったところで、赤ちゃんにはわかりません。基本的信頼は、母親やその代理人が、赤ちゃんを抱いたり、ミルクをあげたり、オムツを替えたりする過程で、感覚をとおして形成されるものなのです。赤ちゃんにとって大切なのは、言葉ではなくて感覚なのです。

親子のあいだに生まれる信頼関係については、「タブララサ」という考え方があります。タブララサとは「白紙の状態」という意味のラテン語で、ようするに、人は生まれた時点では、真っ白なキャンバスであり、大事な人との関わりによって、そこにさまざまな色の絵の具をのせていくという考え方です。

真っ白なキャンバスに「信頼」という絵の具をのせるためには、大事な人の肯定的な関わりとその継続が欠かせません。

では、信頼という絵の具は、子どもの心にどのように機能するのでしょう。

信頼という絵の具がある子どもは、母親を信じられて、自分を信じられて、他人をも信じられます。これが、信頼の機能だと言えます。つまり、母親に大事にされることで母親を信じられると、自分のことも信じられるようになり、そうなったときにはじめて、他人のことも信じられるようになるわけです。

この機能に脆弱性があると、ひきこもることになると、エリクソンは言っています。

つまり、1歳までのあいだに基本的信頼を得た子どもは人生に希望が持てるけれど、それが曖昧だったり、あるいは、不信があったりすると、「自分は生きていていいんだ」という希望に隙間ができて、人も自分も信じることができなくなる可能性が生じます。そのために、人と距離をとるようになってしまったり、小さな失敗でも大きな挫折感を味わったりして、結果として、ひきこもってしまうというのです。

ひきこもりとは結局、自分を信じられるか、親を信じられるか、他人を信じられるかという問題といえます。なかでも、ひきこもりの方にとってつらいのは、自分自身を信じられないことです。他人を信じられないこともつらいけれど、それ以上につらいのが自分自身を信じられないことだと思います。

なぜなら、自分を信じられないということは、自分の可能性が信じられないことであり、自分の人生にも希望が持てなくて、そして、「自分は生きていていいんだ」という希望すら見いだせないことなのですから。

基本的信頼が築けないと、当然、「自分が自分でいい」という自己肯定感も低くなります。従来タイプのひきこもりの方々に共通して見られるのは、基本的信頼の曖昧さであり、自己肯定感の低さなのです。そして、そこには乳児期の母親（もしくはその代理者）との関係が影響していることが多いと考えられます。もしくは、その後の人生のなかで親子間の信頼が摩耗していったと考えられます。

親の言いなりの「いい子」がひきこもりやすい傾向に？

では、従来のタイプのひきこもりには、具体的にどのような性格的傾向の方が多いのでしょうか。人づきあいが苦手で、コミュニケーション能力が低く、内向的で、自己主張があまり強くない方が多く見られるように思います。

このような方たちは同調圧力のある学校や会社での生活になじめず、人間関係を築くこともむずかしいために孤立してしまうことが多いのです。孤独が招くさびしい日々や息苦しい日々を送るうちにそれに耐えられずに不登校になり、あるいは会社へ行けなくなって、ひきこもってしまうケースが少なくありません。

私の体感ではさらに、まじめでやさしく、繊細で、敏感で、空気を読むことに長けていて、子どもの頃に親の顔色をうかがってきた方が非常に多いと感じます。

このような人たちはともすれば、親に反抗することもないまま、社会の規範に逆らうこともない従順な「いい子」に育ちがちで、そして、この「いい子」であること自体が、ひきこもりのリスク要因となるのです。

なぜなら、自分の心を押し殺して、親の意向に従ってばかりいる「いい子」を続けているうちに、多くの場合、自分が何をしたいのか、何が好きで、何が嫌いなのか、つまり「自分の欲求」がわからなくなるからです。

自我の確立がなされず、自分というものが曖昧なわけです。

このような状態では自己主張はできません。「嫌です」というひとことも言えず、相手の申し出を断ることもできません。学校では、自己主張しない子・なんでも我慢する子とみなされて、いじめの標的にもされやすくなります。

また、職場では、面倒な仕事を押しつけられても文句のひとつも言わずに黙々と仕事をこなす「都合のいい人」にされてしまいがちです。これでは仕事の量は増えるばかりで、やがて許容量を超えた時点で、心身共に疲れはてて会社を辞めざるを得なくなり、そして、退職後にひきこもってしまうケースも見受けられます。

　ちなみに、相手に説得されやすい人はそうでない人よりもひきこもりやすいですし、また、何かトラブルがあったときに、悪いのは自分だと思いやすい人はそうでない人よりも、やはりひきこもりやすい傾向にあります。

「大学入学時」と「就活時」がひきこもりの鬼門

「従来タイプ」ではひきこもりやすい「関門」が2つあるように思います。大学入学時と就職活動時の2つです。私の経験で言うと、はじめてひきこもった年齢（初発年齢）のピークは18歳〜19歳と、そして21歳〜22歳。18歳〜19歳は高校から大学に入学するか、社会へ出ていくタイミングですし、21歳〜22歳は大学生が就職活動を行う年頃にあたります。

まず、18歳〜19歳についてです。小・中・高校の12年は、自分の属するクラスも時間割も決められているので、ひきこもりやすい人もそういった枠組みに従っていれば、なんとかなったとも言えます。

　ところが、大学にはまず基本的にクラスというものがなく、そのため、みずからの力で人間関係を発掘し、つくりあげていかなければならないわけです。そうなると、友だちがつくれない人たちも出てくるでしょう。また、大学では自分だけの時間割をつくる必要もあります。このように大学では枠組みが少なくて、すべてにおいて自由なのです。

枠組みから解放されて、嬉々《きき》として自由を満喫している人がいるいっぽうで、規範に忠実に従って、枠組みに守られ、受動的に生きてきた人にとっては、その自由が苦痛となり、人間関係を発掘できないまま、ひきこもってしまうケースもあるのです。

大学生活で不登校やひきこもりにならなくてすんだ人も、それまでの学生生活での疲労が蓄積したピークが来たり、21歳~22歳の就職活動でつまずく可能性があります。第2の関門です。今の就職試験ではたいてい、グループ面接が行われます。この方式は内気で、繊細で、敏感な人たちがもっとも苦手とするシチュエーションでしょう。

押しが強い学生たちに挟まれたら、それだけで圧倒されてしまい、もじもじしているうちに、「内定、獲《と》ったるで!」の威勢のいい学生が元気よく、はきはきと答えたりします。

話の内容はともかく、自己主張のできる人間という強い印象を面接官に与えることができるでしょう。

「平成27年国勢調査　就業状態等基本集計結果」から第3次産業であるサービス業が全体

の7割を超えてきていることが明らかになっています。サービス業を生業《なりわい》とする企業がほしがっているのは、自己主張ができて、なおかつ、バランスのとれている人間です。

そのことがわかっているので、繊細な学生は「自分なんてダメだ」と思いこみ、そして、面接を受けるたびにこのような思いをさせられ、自信を失っていき、ひきこもり状態に陥ってしまうことも考えられます。

ひきこもりの裏に発達障害が隠れている可能性も

「従来タイプ」のひきこもりで見逃せないのが、発達障害のある人の存在です。実は、ひきこもりの方の3分の1ほどに発達障害があるともいわれています。

たとえば、山梨県立精神保健福祉センターの近藤直司医師らによると、2009年に5県の精神保健福祉センターにひきこもり相談で訪れた人たちを調べたところ、152人中42人、27％に発達障害が認められたそうです。

また、2007年〜2009年に厚生労働省研究班が実施した調査でも、16歳〜37歳のひきこもり相談者184人中48人、32・2％の人たちが発達障害と診断されたと報告しています。

発達障害の種類と特性

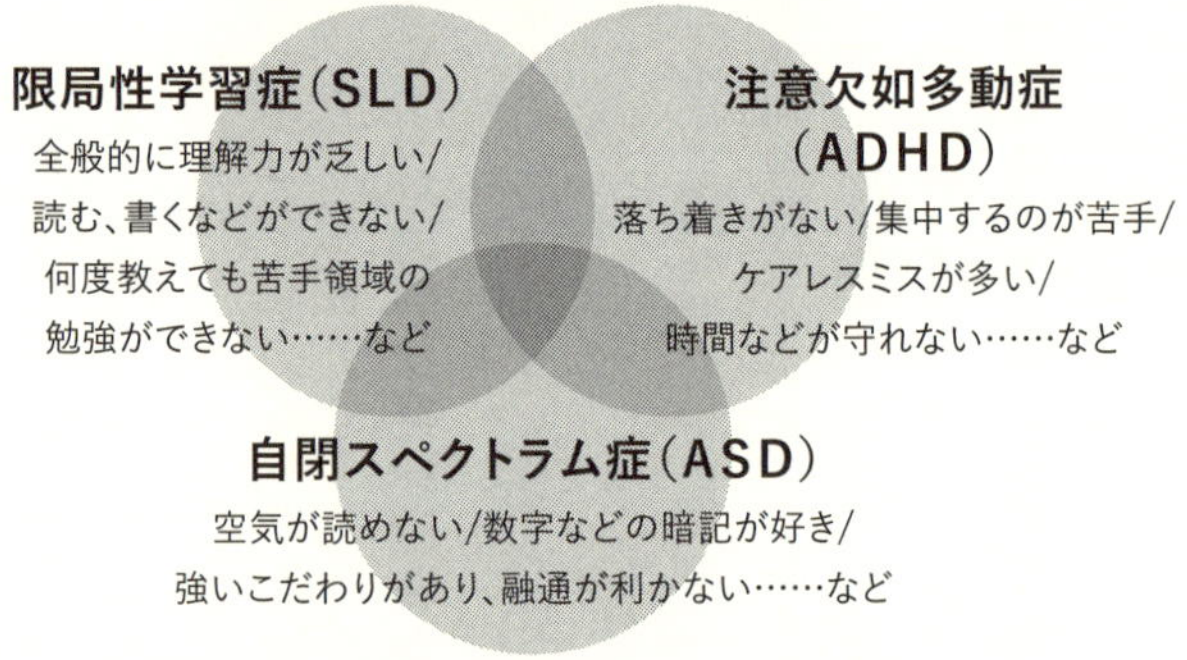
限局性学習症（SLD）
全般的に理解力が乏しい／
読む、書くなどができない／
何度教えても苦手領域の
勉強ができない……など
注意欠如多動症
（ADHD）
落ち着きがない／集中するのが苦手／
ケアレスミスが多い／
時間などが守れない……など
自閉スペクトラム症（ASD）
空気が読めない／数字などの暗記が好き／
強いこだわりがあり、融通が利かない……など

［1つの特性だけを持っている人もいれば、それぞれの特性を少しずつ持ち合わせている人もいる。］

発達障害は脳機能のアンバランスが原因とされ、さまざまな種類がありますが、代表的なものといえば、注意欠如多動症（ADHD）、自閉スペクトラム症（ASD）、そして、限局性学習症（SLD）でしょう。

注意欠如多動症の人たちは、じっとしているのが苦手で、衝動性を伴って動きまわるのが一番の特徴です。注意力が分散するため、忘れものやケアレスミスが多く、物事の優先順位がつけられないこともあって、約束の時間や納期を守ることがむずかしいのです。さらに、衝動性が強い場合は、感情をコントロールできず、短気で、キレやすいと評価されることもあります。なお、注意欠如多動症のうちの「多動」を伴わない、注意欠如症（A

D）のみのケースもあります。多動がないため、見た目では気づきにくく、非常に見落とされがちですが、頭のなかは、いろいろな考えが無秩序にめぐっている「多動状態」になっていますので、注意力や集中力が分散・拡散し、やはり、忘れものやケアレスミスが多くなります。

自閉スペクトラム症の人たちは、他人とのコミュニケーションが極端に苦手なのが特徴です。生まれつき共感力が低いため、他人の気持ちが理解できなくて、人間関係を築くことが不得手《ふえて》です。また、大勢の人たちのいる場所ではひどく不安になり、極度に緊張してしまうこともあります。物事へのこだわりが強く、協調性に著しく欠けるのも特徴です。

さらに、全般的な知的発達の遅れはありませんが、読み書きや計算などの特定の学習に困難が生じるのが限局性学習症（ＳＬＤ＝Specific Learning Disorders）です。スティーブン・スピルバーグ監督や、俳優のトム・クルーズなどもＳＬＤを告白して話題になったことがあります。

注意欠如多動症や自閉スペクトラム症、限局性学習症などがあると、学校や職場に適応するのがむずかしく、その不適応傾向ゆえにいじめの標的にもされやすくなりますし、また、学校でも職場でも失敗やミスが多く、そのことが自己肯定感の低下につながります。さらに、発達障害の方には、うつや不安障害、自律神経失調症といった二次障害が発症することもめずらしくありません。

発達障害はひきこもりを引き起こす大きな要因の1つであると考えていいと思います。しかし、発達障害の多くに見られる不適応は、適切な対処やトレーニングの習得で改善可能な場合もありますし、適切な支援とまわりの理解によって就労している方たちも少なくありません。

また、文部科学省が2012年、全国の公立小学校・中学校で行った調査では、「発達障害の可能性がある」児童生徒の割合が6・5%でした。これは15人に1人の割合です。つまり、1クラス30人としたら、クラスに2人はいることになります。

これだけ発達障害を抱えている人が多ければ、ひきこもりの方のなかにも、発達障害の方がいてもおかしくないでしょう。

ひきこもりの人の約3人に1人に発達障害が見られる一方で、統合失調症、うつ病、強迫神経症といった精神障害を抱えた人もやはり3人に1人ほどの割合で見られます。

これらの精神障害があると、勉強や仕事に困難が生じたり、人とうまくつきあえなかったりといったことがあり、結果としてひきこもりにつながるケースも多いと思われます。

なお、発達障害の場合は、ひきこもったことが原因で発現するわけではありませんが、これらの精神障害では、ひきこもったことによって発症する場合もあります。

どんな人が「中高年ひきこもり」になりやすいのか ――その②「新しいタイプ」のひきこもりについて

中高年ひきこもりは貧困問題&雇用問題だ

「従来のタイプ」についてご理解していただいたところで、次に「新しいタイプ」に話を進めましょう。このタイプこそ、本書のテーマである中高年ひきこもりに特有のものと言えます。

「新しいタイプ」とは、貧困や雇用、親の介護などが原因やきっかけとなって、ひきこもってしまわれた方々です。そして、彼らの多くが一人前の社会人として働いてきた経験を持っていることは、すでにお話ししたとおりです。

内閣府の中高年ひきこもりに関する実態調査では「35歳以上での無職の経験」が53・2%と半数以上いました。しかも、「働いた経験」という項目では、「正社員として働いたことがある」人が73・9%におよんだのです。

つまり、中高年ひきこもりの方々の多くは社会人として通用していたし、社会人として「まっとうに」生きてきた人たちなのです。ということは、人づきあいでも、人間関係でもふつうにこなしてきた人たちのはずです。

今回の2018年調査ではこのことを示す興味深い数字があります。40歳〜64歳の中高年層のひきこもりの方々に、人と対したときの感情や感じ方について質問した項目を見ていきましょう――。

●「自分の欠点や失敗を少しでも悪く言われると、ひどく動揺する」という質問に対して、「はい」「どちらかといえばはい」53・2%、「どちらかといえばいいえ」「いいえ」46・8%と、かなり拮抗している。

●「人といると、馬鹿にされたり軽く扱われたりしないかと不安になる」という質問への

答えは、「はい」「どちらかといえばはい」が48・9％、「どちらかといえばいいえ」「いいえ」が51・1％で、ほとんど差がない。

●「初対面の人とすぐに会話できる自信がある」という質問に対し、「はい」「どちらかといえばはい」が44・7％、「どちらかといえばいいえ」「いいえ」が55・3％だった。

これらの数字が表しているのは、中高年のひきこもりのかなりの方々は、個人の資質や性格などが原因でひきこもっているわけではないということです。

では、そのような「一人前の社会人」だった人たちがどのようにしてひきこもってしまうのでしょうか。本書の冒頭でご紹介した男性を思い出してください――。

40代、50代ともなると、給料もそれなりに高額になるため、リストラの標的にされやすく、突然、解雇を言いわたされるケースも少なくありません。また、リストラには遭わなくても、職場での強烈ないじめや過酷な労働環境などに耐えられずに会社を辞めていく人もいます。

最近では、郷里に住む親の介護のためにやむをえず退職する人も目立つようです。

いずれにしろ、中高年の人が会社を辞めると、新しい職を見つけることは至難の業で、東京や大阪などの都市部でさえ、先ほどの男性の例のように、再就職先を見つけることがむずかしくなるのです。

それでも、都市部では非正規やアルバイトなら見つかるかもしれません。最初のうちは、それまでのキャリアで培った自分のスキルを少しは活かせるような職場を望んでいた人も、不採用通知の山を見ると、高望みはできないことを思い知るようになるのでしょう。食べていくために非正規やアルバイトで手を打つ方もいるわけです。

しかし、たとえば、コンビニやラーメン店などで働きはじめたとします。そこにはたいてい年下の上司がいます。年下であっても、相手が上司や先輩なら立てなければならないような文化が日本にはまだ根強く残っているようです。

20代の上司が、40代、50代の部下にえらそうに命令したり、怒鳴りつけているのを飲食店やコンビニなどで見たことがある方もいるかもしれません。中高年の部下は自分を必死で抑えているのでしょう、頭を下げつづけていたりするのです。ボロボロに傷つけられた心を抱えて働きつづけることにも、限界があります。

読者の方々は、このような状況で働きつづける自信はおありでしょうか。おそらく、半分以上の方が首を横に振られると思います。

ようやく見つけた非正規やアルバイトも続かなかったとしたら、立ち直ってまた新しい職を探すのは、容易なことではありません。また、無職の状態では体裁も悪く感じられ、友だちとも会いたくないでしょう。第一、友だちと会うとなれば、交通費も、食事代もかかります。

そうなると、なるべくお金を使わないようにするためにも、なんとなくひきこもるようになっていくのも不思議ではないでしょう。

問題はこのような過程で孤立に追い込まれ、以前は自分のなかにあった自己肯定感も、社会に認められている感覚も両方を削られていき、アイデンティティが完全に崩壊してしまうことだと思います。

つまり、パート先で年下の上司に小突かれつづけたり、何度も面接で落とされたりしているうちに、「自分は自分でいい」という自己肯定感は低下していきます。しかも、無職になってしまったことで、「そんな自分でいいと社会に認められている」という確信は当然のこととして、徐々にゼロに近い状態に陥るでしょう。

自己肯定感も、社会的に認められている感覚も両方を失い、生きるための「土台」であるアイデンティティが崩壊してしまったとき、人は絶望し、ひきこもらざるをえないのだと思います。

最近の高齢化にともない、親の介護のためにやむをえず都会の会社を辞めて、Uターンをする人たちも増えています。そのような人たちはたいてい、自分のスキルをもってすれば、郷里でも仕事が見つかるだろうと思っています。ところが、地方の雇用状況は都市部よりもさらに厳しいことはすでにお話ししたとおりですし、とくにハイスペックな人たちを雇うような会社は、地方へ行けば行くほど少なくなります。

「それならインターネットを介して、アウトソーシングで仕事をすればいい」と言うかもしれませんが、収入は桁違いに少なくなってしまいます。

高学歴で高収入、順風満帆の人生をこれまで送っていた方でも、そして、高度なスキルの持ち主であっても、親の介護のために、いたしかたなく会社を辞めると、その瞬間から、下り坂の人生が始まる可能性が非常に高いわけです。たとえ、高度なスキルの持ち主であっても。いえ、高度なスキルの持ち主であればよけいにそうなのかもしれません……。

こうして見ていくと、少なくとも「新しいタイプ」のひきこもりに関しては、誰にでも起こる可能性があると言っても決して大げさではないのです。

ひきこもりに悩む人の心のなか

引け目と罪悪感にさいなまれる日々

誰にでも起こりうるひきこもりだからこそ、他人事ではなく、「自分の事」としてとらえることが大切です。そして「自分の事」としてとらえるのなら、実際にひきこもっている人たちの心のなかでどのようなことが起きているのかを、ぜひ知っていただきたいと思います。そのことは、ひきこもりという現象自体への理解を深めることにつながりますし、さらに彼らの苦悩を知ることで、彼らへのあなたのまなざしも変わることでしょう。

というわけで、ここからは、ひきこもりに悩んでいる方々の心のなかへ分け入ってみたいと思います。

ひきこもりの方々のほぼ全員の心にある気持ち、それは孤独感と罪悪感と言えます。とくに、罪悪感については、「ひきこもりになりたくて生まれてきた人など、ひとりとしていない」ということをお伝えしたいのです。それなのに、ひきこもってしまっている自分……。彼らはそのことへの罪悪感を抱えこんで生きています。

定職に就いて、人並みに結婚して、子どもをつくり、家庭を築くべきだし、でも、そのまえに、とにかく外へ出るべきだし、アルバイトでもなんでもいいから、せめてお金を稼ぐべきだし、といったことは、親や世間の人たちに言われなくても、彼らにはすべて痛いほどわかっています。

私の研究で、ひきこもり状態にある人には「〇〇しなければならない、〇〇すべきである」といった、特有の信念体系があることがわかりました。「〇〇すべき」という信念や思考は不適応状態や心の病の誘い水になることがわかっており、心理学ではイラショナル・ビリーフ（非合理思考）と呼ばれています。ひきこもり状態にある人たちに特有な信念体系であることから「ひきこもりビリーフ」と名づけました。ひきこもりビリーフについては81ページにまとめています。

ひきこもり状態にある人たちは、これらのことが「わかっているけれど、できない」か

ひきこもりビリーフ

① 就学・就労について

「完璧な仕事をしないといけない」「不完全な自分では何もできない」

② 親子関係について

「親の期待には応えるべきだ」「親に迷惑をかけるべきではない」

③ （現在の）自身の生活について

「意味のない一日を送ってはならない」「同年代と同じような生活をするべきだ」

④ 対人関係について

「きちんとしたコミュニケーションをとれる人間でなくてはならない」「同年代と同じレベルの人間関係を持っていなくてはならない」「人に嫌われてはならない」

⑤ 他者評価について

「他者からの評価に値する自分でいなくてはいけない」「良い評価を受けないとやっていけない」

⑥ 自己決定、選択について

「失敗しない選択をしなくてはならない」「何事に対しても決断するには時間が必要だ」

⑦ 所属、肩書について

「自分はどこかに所属していなくてはならない」「なんらかの肩書は大切だ」

⑧ 協調性について

「人からの指示や意見を受け入れなくてはならない」「争いはさけるべきだ」

ら苦しくて、つらいのです。そんな自分のことで、親が悲しんでいることを思うと、罪悪感はいっそう強まり、悲しみと孤独は深まります。

彼らの多くは親や世間が望むように外へ出たいし、仕事に就きたいと思っています。けれども、外へ出て、他者の冷たい視線、無能者を見るような蔑《さげす》みの視線、不審者に対するような奇異な視線にさらされることが怖くて、家の外へ出られないのです。

さらに、ひきこもる期間が長くなればなるほど、他人の視線がますます気になり、そのため、ますます外へ出られなくなります。なぜなら、自己肯定感が低下するにつれて、セルフイメージも低下していき、そして、セルフイメージの低い人がもっとも気にするのが、他人の視線だからです。

セルフイメージが高い人は自信に満ちていますから、他人にどう見られているかをさほど気にかけません。逆に、セルフイメージが低い人は自信が持てなくて、いわば自分のなかに自信という「芯」がない状態です。そのため、「ダメなやつだと思われていないだろうか」などと、たえずビクビクしながら、他人の目を気にするようになってしまうのです。

人一倍、他人の視線が気になるのですから、無職の中高年者が外出することへのハードルは、時を経るにつれて高くなるばかりで、ますます家にひきこもることになると言える

どちらがより気になる？

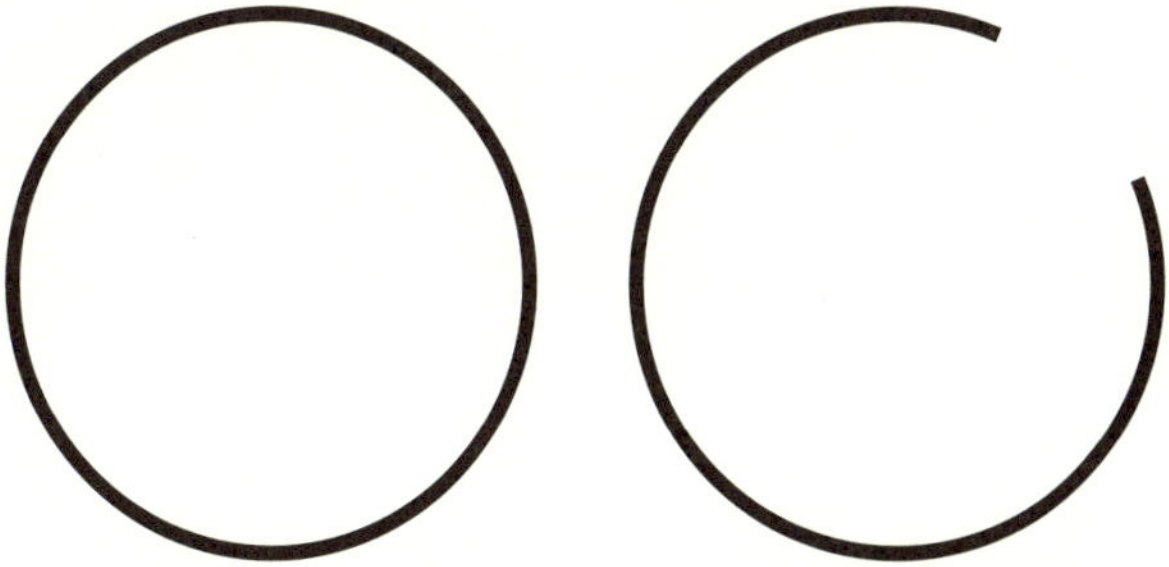

でしょう。

孤立していると、自分の欠点にのみ目がいく

こうして外へ出られないまま、ひきこもっていると、自分の欠点にばかり目が行くようになります。上の図を見てください。どちらがあなたはより気になりますか。円と一部が欠けている円。

ほとんどの方が、一部が欠けている円を選ばれたと思います。人間は他者に対しても、自分自身に対しても、欠けているところ、つまり欠点に注目するようにできているからです。

この特性は進化の過程で人類が獲得したも

のだといわれています。マンモスがいた先史時代、厳しい自然環境のなかで、一歩間違えれば命を落としかねない脅威にさらされながら、人間は狩りをし、生活を続けてきました。自分や自分の子孫たちの命を守るためには、自分自身や狩猟の仲間に欠けている点、住環境の不備など「あらゆるものの欠点」にいち早く気づいて、すばやくそれを補い、修正する必要があったと思われます。

私たちの先祖は男性であれ女性であれ、欠点に四六時中、目を光らせていたわけで、欠点に気づくことは、彼らにとってサバイバルのための大切な能力だったのです。

そして、現代を生きる私たちもまた、先祖たちが獲得したこの特性を受けついでいると考えられます。

このように、人間はもともと自分や他者の欠点に目が行くようにできているうえに、ひきこもりの方たちは世間から隔絶されて孤立し、自分を肯定する要素はひとつとして見い出せないまま、罪悪感にさいなまれながら生きています。すると、自分の欠点以外に目が行かなくなり、「ダメな自分」を責めつづけるわけです。

欠点だらけで、いいところが何ひとつない……。自分のことをそのようにしか思えなくなれば、自分でいいという自己肯定感など持てるはずがありません。あるのは、「誰でもない自分」「何者でもない自分」という感覚です。

誰でもない自分、何者でもない自分とは、他者にとって「透明人間」にすぎません。他者にとっては無視する存在ですらなく、それ以前に、彼らの目には映らない、存在すらしていない透明人間、〝インビジブルマン〟なのです。

このように自分自身を感じるとき、人は生きながら、死んでいるのと同じような心持ちになるのだと思います。そうなると、服装にも食事にもかまわなくなり、お風呂にも入らなくなり、病気になっても病院にかかる気が起きません。つまり、セルフネグレクトの状態になっていくのです。

ひきこもっている方たちはこうして自尊心を持てなくなり、生きる意欲も欲求も失われていきます。自分が生きていていいとはとても思えなくて、こんな自分は社会にお世話になる価値はないと感じてしまうのです。ですから、多くのひきこもりの方々は生活が苦しくなっても、社会に助けを求めるという考えすら浮かばない傾向にあります。

社会に助けを求めるという発想すらなく、また、自分には社会のお世話になるだけの価値がないと感じている……。そうなると、最悪、餓死することも考えられるのです。

「中高年ひきこもり＝犯罪者予備軍」ではない

ひきこもりの人の殺人件数は全体のわずか0・2％

自己肯定感があまり持てなかったり、就活でつまずいたり、解雇されたり、いじめや、親の介護などで退職したり、あるいは、再就職した先で屈辱的な思いをさせられたり……。生きていれば、誰にでも起こりうるこのようなことがきっかけとなって、今、多くの人たちがひきこもっています。

つまり、これまでお話ししてきたように、ひきこもっている人たちの大半は少し運が悪かっただけであり、善良で、心やさしく、人づきあいも人並みにできる、ごくふつうの人たちなのです。

ところが、2019年5月28日早朝、川崎市の登戸駅近くでスクールバスを待っていた小学生の児童や保護者が、刃物を持った男に次々に襲われるという痛ましい事件が起きました。負傷者18人、死亡者3人（犯人も含む）。幼い子どもたちを無差別に切りつけるという残忍きわまる手口に、犯人に対する激しい怒りの声が上がったのも当然であり、決して許されるものではないと考えます。

犯行自体の残忍さとともに衝撃的だったのは、51歳の犯人の男が伯父夫婦と同居していて、長年、ひきこもり状態だったという事実でした。人々は50歳を過ぎてもひきこもっている人間がいることに驚いたと推察します。そして、ひきこもりと犯罪を関連づけるような形で報道がなされたことで、ひきこもり、すなわち「犯罪者予備軍」というようなイメージが世の中に流布され、拡散されていったのです。


また、この登戸通り魔事件のわずか4日後に、元農林水産省事務次官という東大卒の超エリート官僚だった76歳の父親が、44歳の息子の上半身を包丁で数十カ所も刺して殺害するというショッキングな事件が起きました。殺された息子もやはり、ひきこもりで、家庭内暴力もありました。殺害の前日には隣接する小学校の運動会があって、「うるせーな、子どもをぶっ殺す！」とわめき散らしたともいわれています。

この事件もまた、ひきこもりは人を殺しかねない犯罪者予備軍との印象を人々に植えつけたように思います。

しかし、ここで声を大にして伝えたいことがあります。

それは、「ひきこもり=犯罪者予備軍」では決してないということです。

私どもは21年間以上、カウンセリングをとおして数多くのひきこもりの方々とかかわってきましたが、他人を傷つける重大な他害案件に遭遇したことはただの1回としてありません。

実際、ひきこもりの方たちはその場の空気を読みすぎる傾向さえある繊細で、やさしくてまじめな人たちが大半です。私の体感としても、彼らが無差別殺人などを起こすなどとはとても思えません。登戸の事件はごくごくまれなケースと言って間違いないと思っています。

ひきこもりに関して著名な筑波大学医学医療系社会精神保健学教授の斎藤環《たまき》先生も2019年7月9日号の『婦人公論』で、登戸の事件と元農林水産省事務次官の事件を念頭に、ひきこもりと犯罪の関係について次のように語っていらっしゃいます——。

「私が今回のことで強調したいのは、『家庭内暴力』の延長線上に、『通り魔的な暴力』があるわけではないということです。このふたつは方向性がまったく違う。現在のひきこもり人口は約100万人という内閣府の統計があります。しかしそれだけの当事者がいながら、明らかにひきこもりの人がかかわったという犯罪は数件しかない。特に無差別殺人のような重大犯罪は今まで見たことがありません。」

斎藤先生は最後に、「ひきこもりは決して犯罪率の高い集団ではない」と言い切っているのです。

しかし、斎藤先生のお話以上に説得力のあったのが、東京新聞の2019年6月6日の「こちら特報部」の記事です。「こちら特報部」では共同通信の記事データベースに当たり、殺人・殺人未遂の容疑者・被告で、ひきこもりと報じられたケースが何件あるかを調べました。その結果、1999年から2019年までの20年間で43件あり、これを年平均にすると約2件だったのです。

さらに、記者たちが警察庁のまとめた各年の犯罪情勢を調べたところ、殺人の件数は1999年に1265件、2003年頃に1400件を超えましたが、それ以降は減少傾向にあります。過去5年間では年間900件前後です。

ひきこもっている人間が起こした殺人の年平均2件という数字は、過去5年間の900

件前後という全体件数のわずか0・2％でしかないことを東京新聞は証明してみせたのです。

ひきこもりの人間が起こした殺人事件は全体のわずか0・2％――。ひきこもりが犯罪者予備軍ではないことを示す決定的な数字です。

家庭内暴力は外の人間には決して向かわない

とはいえ、元農林水産省事務次官に殺害された息子さんは母親や父親に暴力をふるっていたといわれています。実際、ひきこもりの人の3、4割に家庭内暴力があるように、私自身も感じています。そのような暴力的な人間なら、殺人事件を起こしても不思議はないと思われるかもしれません。しかし、たとえ家庭内暴力があったとしても、外でそれが起きることはほぼ皆無です。ひきこもりでも、また不登校でも、家で怒りにまかせて暴力をふるっていても、外では決してやりません。なぜでしょうか。

怒りは、相手との距離が近くなるほど強く感じるものです。人は赤の他人にはめったに怒ったりしません。友だちや恋人、配偶者、親、兄弟姉妹、子どもなど、近しい関係になればなるほど怒りを感じるのです。

さらに、心理学では「怒りは第一感情ではない」といわれています。怒りのまえにはかならず「別の感情」が生まれていて、この「別の感情」が第一感情であり、怒りは第二感情です。つまり、怒りのまえに生まれる第一感情が怒りの正体なのです。


では、怒りの正体とはなんでしょうか。

それは悲しみです。

こうあってほしいのにそうじゃない、こうなるはずだったのに、そうならないという悲しみが、怒りの正体であり、第一感情なのです。それでは、なぜ相手が距離の近い人間であるほど怒りがわき、悲しみを感じるのでしょうか。

それは「愛情」があるからです。愛情があるから悲しくて、愛情があるから怒るのです。家庭内暴力の正体は、彼らの愛情が愛する人に伝わっていないことへの悲鳴なのです。ですから、ひきこもりの人は、母親や父親など家族には怒って暴力をふるうことはあっても、愛情のない外の人間に対して決して暴力行為を行うことはないのです。

かく言う私も、口論などで母に怒ったりすると、罪悪感を覚えたものでした。しかし、心理学を学んでからは、母に怒って大声をあげても、そのあと落ち込むこともなくなりました。「ああ、母に対して愛があるからなのだなあ」と思えるからです。

家庭内暴力があっても外へ向かって暴力をふるうことはほとんどないということや、ひきこもりの人が殺人事件を起こす割合が全体の0・2％でしかないという事実を考えても、ひきこもりが犯罪者予備軍というのはまったくの的外れな考え方であり、このことはいくら強調しても強調しすぎることはないと考えています。

第3章

今の社会の在り方が、ひきこもりを「長引かせる」

中高年ひきこもりと現代社会

なぜ、ひきこもりは長引くのか

中高年ひきこもりのなかには、ひきこもり状態からなかなか脱出できず、気がつくと5年、10年、20年……とひきこもり続けてしまっている方が、多くいらっしゃいます。

実際、2018年の内閣府による中高年ひきこもりの実態調査によると、7年以上ひきこもっている人たちの合計は、全体の46・7%にものぼります。しかも、「20年～25年」が10・6%もいて、「30年以上」の方々も少ないとはいえ、6・4%いたのです。

いったいなぜ多くの人々がこのような長い期間、ひきこもってしまうのでしょう。

ひきこもりの方々と接してきた者として、はっきりと言えることは、ひきこもってしまう方たちの大半は決して性格的に弱いわけでも、甘えているわけでも、怠け者なわけでもないということです。ひきこもりという現象をそのような個人の資質のレベルにのみ帰すとしたら、その実態を正しくとらえることも理解することもできず、したがって、ひきこもり問題を解決することも不可能だと思います。

では、なぜ多くの人たちがそもそもひきこもってしまうのか、そして、長いあいだ、その状態から抜け出せないでいるのか……。その背景には、実は雇用、貧困、社会福祉といった政治・経済問題や、歴史・文化的な要素、そして、現代という時代に特有のものの見方や感じ方、心理学的な側面などが関係しているように思います。

このようなさまざまな要素が複雑に絡んで、「ひきこもりは長期化している」と考えられるのです。中高年ひきこもりは社会が抱える諸問題を反映した一大テーマと言っていいでしょう。

この章ではひきこもりがなぜ長期化するのか、回復がなぜ遅れてしまうのかについて、政治・経済から心理学まで、さまざまな視点から考察していくことにします。

終身雇用制の終焉が大量の貧困者を生みだした

まずは、雇用や貧困などの政治・経済問題が、中高年ひきこもりに与える影響について考えていきましょう。

この視座に立ったとき、「中高年ひきこもりが増加し、さらに、ひきこもりが長期化するようになった、いちばんの要因は「雇用環境の悪化にある」と思っています。

つまり、雇用環境の悪化によって、一生懸命に働けば、ふつうの暮らしができる、そのような「まともな働き口」がなかなか見つからないのです。とくに中高年ではその傾向が強くて、あるのは低賃金で、不安定な非正規や、パートやアルバイトがほとんどで、運よく正社員として採用されても、そこがブラック企業だったりするわけです。

そのため、いったん解雇されたり、退職したりすれば、再チャレンジの道が閉ざされてしまいがちで、このことがひきこもる人を増やし、また、ひきこもりからの脱出を阻むことになっているように感じます。


雇用環境がこのような厳しいものになってしまったのは、終身雇用制の崩壊にあると考えています。では、そもそもなぜ終身雇用が崩壊し、そして、その結果、なぜ雇用環境が悪化してしまったのでしょうか――。

敗戦後の日本社会を支えてきたものの1つが、終身雇用制だと言えます。

終身雇用制のもと、人々はいったん就職したら、会社がつぶれない限り、定年まで勤めつづけられました。そして、多くの場合、終身雇用制は年功序列とセットになっていたので、勤務年数に応じて給料も上がっていきました。

働く多くの人が、突然解雇される不安もなく、安心して働けて、給料も年々上がるという、今からすると夢のような待遇のもと、日本は「一億総中流」といわれる、格差の少ない豊かな社会を実現させたのでした。

ところが、バブル経済が破綻したあと、終身雇用制は立ちゆかなくなります。

バブルが崩壊したのが１９９１年。１９９７年には長期不況に突入します。長びく不況のなか、グローバル化の激しい国際競争にさらされることにもなった日本の企業は、しだいに終身雇用制を維持するための体力を失っていきます。

そして、21世紀に入ると、多くの企業が生き残りをかけて、次々に解雇や早期退社などリストラを断行し、日本の終身雇用制は終焉へと向かいはじめたのです。

「失われた20年」という言葉を聞いたことがある方も多いと思います。日本は、バブル崩壊から20年以上たった今日もいまだ不況から抜けだせずにいます。令和元年には、かのトヨタ自動車の社長までが「終身雇用を守るのはむずかしい局面に入ってきた」と、終身雇用の限界について言及しています。

終身雇用制で守られる時代は終わりを告げ、長く勤めた人でも、表現はよくありませんが、簡単に「切り捨てられる」世の中になってきたのです。

非正規社員の激増

終身雇用制の終焉によって、定年まで働きつづけられるという雇用環境が失われただけではなく、同時に、非正規社員の激増という、新たな雇用形態がもたらされました。契約社員や派遣社員など期間を定めた契約形態で働く人たちと、パートやアルバイトなどの短い期間で働く人たちを、正社員に対して非正規社員と言います。非正規社員なら、企業側の都合で辞めさせることも容易ですし、なによりも、賃金を正社員よりも低く抑えられることが企業としてのメリットでしょう。

では、非正規という雇用形態がどのような過程で生まれたのか、また、暮らし向きにおいて正規社員の人たちとはどの程度の差があるのかなど、その実態を見ておきましょう。

日本が長期不況に突入したのと同じ年、1996年に政府は「労働者派遣法」を改正するなどして、企業が契約社員や派遣社員などの非正規社員の雇用を可能とする道筋をつけました。さらに、第二次安倍政権が誕生後のアベノミクスでは雇用の拡大を推し進めましたが、ここで増えたのが非正規社員です。アベノミクスで雇用は増えたものの、その内実は、非正規社員の増加であり、それに対して、正社員の割合は減っているのです。

1996年以降、アベノミクスも含めて今日にいたるまで、非正規社員の占める割合は年々拡大してきました。

2018年、総務省の「労働力調査」によると、正規職員・従業員が3485万人に対して、非正規職員・従業員が2120万人でした。非正規で働く人が全体（6664万人）の約3割を占めます。

しかも、収入の格差は歴然としています。内閣府の「正社員・非正社員の賃金差の現状」によると2016年時点で、正規社員の平均時給は非正規社員の1・5倍、年収ベースでは1・8倍です。

同じように働いても非正規というだけで、正社員の約半分ほどの収入しか手にできないわけです。しかも、正社員では多くの場合、年齢とともに賃金が上がっていくのに対して、非正規ではほとんどが上がりません。

このような不公平がまかりとおっている格差社会の日本で広がっているのは、正真正銘の貧困問題です。

ある調査では、この国に暮らす全体の57・7％の人が「生活が苦しい」と答えていますし、さらに、子どもの7人に1人が貧困、単身女性の3人に1人が貧困に陥っています。また、東京都のインターネットカフェ・漫画喫茶等のオールナイト利用者（946名）を対象とした調査では、オールナイト利用者の男性割合が85・9％。その内で住居を喪失しているのが97・5％、その内、住居喪失不安定就労者97・8％（女性割合は14・1％、住居喪失者2・5％、住居喪失不安定就労者2・2％）であり、年齢は30歳～39歳が29・3％、ついで20歳～29歳が27・8％、40歳～49歳が18・7％、50歳～59歳が17・3％、60歳以上が4・9％という衝撃的な結果もあります。住む場所がなく、漫画喫茶に寝泊まりしている人が全世代にいるのです。もはや、日本が「総中流社会」だというのにはあまりにも無理があることが、おわかりいただけると思います。

さらに、次のようなデータもあります――。

貧困や格差をなくそうと活動している「エキタス」という市民団体が、若者にインターネットで「最低賃金、時給1500円が実現したら、何をしたいですか？」と問いかけたところ、「病院に行きたい」と答えた人が最多で、約3割にもおよんだそうです。

これが日本の現実です。多くの若者が、生活が苦しいために病院へも行けずに、健康を犠牲にしてまで働いているという、胸が痛くなるような実態が見えてきます。

非正規社員の激増は、日本をかつての「一億総中流社会」から格差社会へと変え、多くの貧しい人たちを生みだしました。この格差社会と貧困層の増大もまた、人々がひきこもることの非常に大きな要因だと考えています。

つまり、これまでも何度か言及してきたように、お金がなくて生活が苦しくなると、多くの場合、仲がよかった友人とも距離をおくようになり、孤立していきます。孤独になるなかで、自己肯定感は摩滅《まめつ》していき、自信を失い、ポジティブなことは1つもないように感じて、人生に希望を見いだせなくなっていくのです。

このような状態に陥ると、他人との情緒的な接触が大きな負担に感じられて、人間関係を避けているうちにひきこもっていくわけです。また、いったんひきこもってしまうと、孤独のなかで孤立していき、支えてくれる人もいないまま、多くの人たちが20年、30年と長期間ひきこもり続けることにもなるのです。

これまで私どもは約21年間、ひきこもり支援の現場に立ち、さまざまなご家庭の方々とお会いしてきました。多くの方とお話しすればするほど、雇用の問題とひきこもりの問題が密接に関係していることを強く感じるようになっています。

企業が担っていた「社会福祉」も崩壊した

終身雇用制の終焉によってもたらされたのは、雇用形態の変化や雇用環境の悪化だけではありませんでした。それは、企業による社会福祉の崩壊も意味すると、私は考えます。

企業による社会福祉の崩壊とはどういうことでしょう。

日本では終身雇用制のもとで、企業が国の代わりに社会福祉政策を担っていたという側面があります。景気が後退して、業績が落ちていても、会社は社員をクビにしないで、がんばって雇いつづけました。企業みずから社員のためにセーフティネットを提供していたわけです。

ところが、終身雇用制が崩壊し、企業がリストラを積極的に進めるようになったのです。当然のこととして失業者が増えましたが、国は増大した失業者に対応できるだけの充実した社会福祉制度、すなわち社会資源を持っていません。実際、日本の福利厚生などのセーフティネットは欧米諸国に比べると、きわめて脆弱だと言えるでしょう。

社会保障が不十分な社会では、ひとたび失業などの不運に見舞われると、多くの場合、どこにも誰にも助けを求められません。そのため、再チャレンジや回復への道は閉ざされてしまいがちです。

失業などで働くチャンスを失い、再就職しようとがんばっても、誰からも助けてもらえない。さらに、現代社会でよく聞く「自己責任論」が、そんな人たちを追いつめます。「生活が苦しいのは努力が足りないため、才覚がないため……だから、仕事がないのは仕方がないことなんだ」。そうやって経済的にも精神的にも追いつめられた人たちの一部がひきこもっているように感じるのです。

日本でひきこもりが増えつづけ、長引いているのもこのような弱体化した社会保障と蔓延する過剰な自己責任論が大きな要因と考えて間違いないでしょう。

そして、くり返しになりますが、これは他人事ではありません。

私たちも、会社が倒産したり、解雇されたり、病気になったりといったことで、いつなんどき職を失い、無収入の状態に陥るかわかりません。誰にでもそうなる可能性はあるのです。そのとき、再起を期すにしても、必要になるのは最低限のお金でしょう。それを保障するのが社会福祉であり、セーフティネットなのです。それが貧弱であれば、いくらがんばりたくても、再起のためのスタートラインにさえ立つのが困難なのは明白でしょう。

終身雇用の終焉にともない、国による社会保障の不十分さが露呈され、それを覆い隠すかのように「自己責任論」が声高に叫ばれたこの20年間、社会保障は充実されるどころか、その予算は削減されていくばかりです。

現在のような状況が続けば、ひきこもりの方々が増えることはあっても減ることはほとんどない。そう考えざるをえないと、私は思っています。

生活保護の現状

貧困にあえぐ、ひきこもりの人たち

ここでは増えつづけるであろう、そして、ますます長期化するであろうひきこもりの方たちの経済状態と共に、社会福祉体制について見ていくことにします。

ひきこもりの問題は貧困問題でもあります。

内閣府の実態調査では、中高年ひきこもりの約30％が自分の暮らし向きを、上中下のうちの「下」と答えていました。つまり、中高年ひきこもりの３人に１人は生活困窮者と言ってさしつかえないでしょう。

たとえば、２０１９年２月27日産経ＷＥＳＴによると、奈良県斑鳩《いかるが》町のアパートの一室で93歳の父親の遺体を放置したとして、同居していた60歳の息子が死体遺棄で逮捕されました。ＮＨＫがこの事件をその後、詳しく取材しています。

それによると、母親の介護のために仕事を辞めた息子は、母親が亡くなったときにはすでに50代半ば。仕事は見つからず、ひきこもり状態となって、父親とふたりで暮らすようになります。収入は父親の年金のみ。１日に食パン２枚という生活を送っていて、父親が老衰で亡くなったときには手元に数千円の現金しかなく、葬式を出せずに遺体を放置していたというのです。

さらに、２０１９年４月21日の京都新聞のデジタル版に、京都市西京区の民家で50代男性と80代の女性とみられる遺体が見つかったという記事が載っていました。

その後の調べで、ふたりは母と息子で、89歳の母親は低体温症で亡くなり、そのあとを追って55歳の息子がガスを吸って自殺したらしいと推定されました。

息子の顔を見た人は近所にもほとんどいなく、ひきこもり状態だったと思われます。ふたりとも亡くなっているので、はっきりしたことはわかりませんが、母親の低体温症は低栄養状態によるものと推測されますし、その母親が亡くなったことで、息子は収入の道が途絶え、孤独と絶望のなかでみずからの命を絶ったと考えられそうです。

この2つの例に限らず、もし、親が国民年金の保険料を払いつづけてくれていて、「満額」受け取れるとしても、月に6万5000円弱でしかありません。ちなみに、国民年金の平均受給額は2018年で月5万5000円です。これでは生活はギリギリでしょう。親の年金がなくなれば、とても暮らしていけないわけです。そういった人たちの多くは餓死の不安におびえながら、どこまで生きられるのだろうと、思っているかもしれません。

ところが、ひきこもりの方たちをこのような困窮状態から救いだせる社会資源としては、今のところ障害年金と生活保護の2つしかないのです。

まず、障害年金は統合失調症やうつ病、双極性障害などといった精神疾患や、発達障害があれば使えます。ということは、これらの精神疾患や発達障害があるひきこもりの方なら、障害年金がもらえる可能性があるのです。

ただし、そのためには病院へ行ってうつ病ならうつ病と診断されなくてはなりません。ギリギリの生活をおくっているなかで、病院へ行く交通費や病院代は大きな負担になります。何を申しあげたいかというと、「所持金があと３０００円しかないのに病院へ行けますか」ということです。

そもそも、情緒的な接触ができないためにひきこもっている人が、病院へ行って、「眠れず、死にたい気持ちなんです」と医師に訴えてみようという考えにいたるでしょうか。かなりむずかしいのではないかと思います。

障害年金を手にするチャンスがあっても、それを活かせず逃してしまっているひきこもりの人たちは少なくないと思われます。

では、中高年のひきこもりの方が受けられるかもしれないもうひとつの社会資源、生活保護はどうでしょうか。これまでも多少触れてきましたが、まったくもってひどい状況です。支援の現場で当事者の方やその親御さんと話すと、生活保護の受給者を増やさないために、各自治体が躍起になっているようにさえ感じます。生活困窮者が生活保護を申請しようとやってくると、窓口で難癖をつけて追い返すこともあるようです。いわゆる「水際作戦」というものです。

「水際作戦」は日本軍の作戦用語でした。上陸してくる敵を水際で撃滅させ、上陸させない作戦を指します。つまり、生活保護の申請者を、上陸を試みる敵とみなして、行政の窓口という水際で返り討ちにしようというわけです。

人格を否定するような屈辱的な暴言を吐いたり、小さなミスをあげつらって申請書を受けとらなかったり、そもそも申請のための書類を渡さなかったり、生活保護を受ける資格がないなどとウソをついたり……。そういった水際作戦があちこちの役所で展開されていると聞きます。また、水際作戦だけではなく、生活保護を今、受けとっている人たちの受給打ち切りも増えています。

日本の生活保護捕捉率はわずか15%

ここに、生活保護の現状に関する、驚くべき数字があります。『生活保護「改革」ここが焦点だ！』（生活保護問題対策全国会議：監修／あけび書房）には、生活保護の捕捉率が国別で記されています。

捕捉率とは、生活保護の受給資格がある者のうち、実際に受給している者の割合をパー

先進諸国の中で日本の生活保護利用率はとても低い

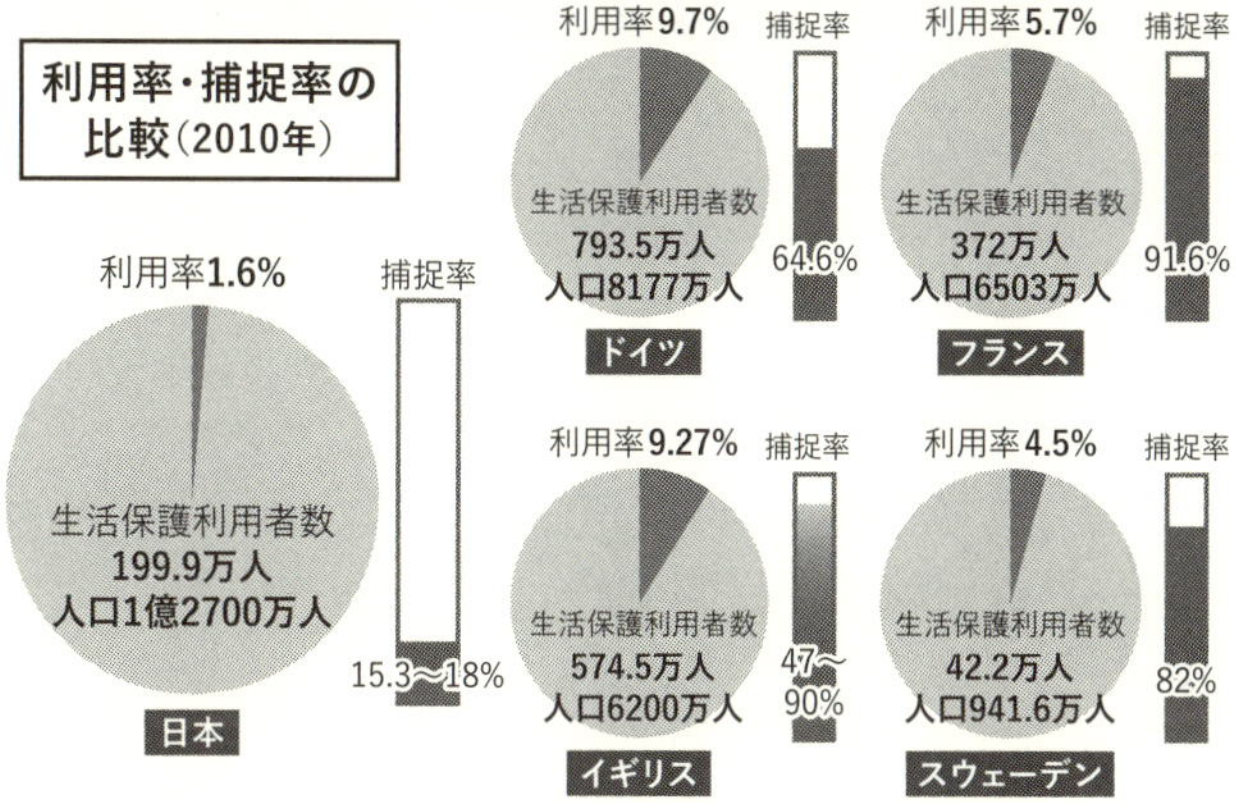

『生活保護「改革」ここが焦点だ！』（生活保護問題対策全国会議：監修）より作成。

センテージで示したものです。それによると、スウェーデンの捕捉率は82％、イギリスが47〜90％、フランスが91・6％、ドイツが64・6％となっています。

イギリスの数字がなぜこれほど幅があるのかはわかりませんが、多くの報道では90％とされています。

それでは日本の生活保護捕捉率はどのくらいだと思われますか。15・3〜18％です。にわかには信じがたい数字です。生活保護を受ける資格がありながら、つまりは、生活困窮者で生計が苦しいのにもかかわらず、5人に4人以上もの人たちが受給していないのです。これは異常な数字だと言えるでしょう。

さらに、日本の総人口に対する生活保護の利用率は日本人口比のわずか1・6%であり、100人に1人を超える程度でしかありません。他の先進国ではたとえば、ドイツが9・7%、フランスが5・7%、イギリスが9・3%、スウェーデンが4・5%で、これらの数字と比べて利用率もまた、捕捉率と同様、極めて低い数字なのです。
捕捉率、利用率を見れば一目瞭然、日本は貧困者を見放し、放置していると言えます。

なぜなのか。1つには生活保護の水際作戦や、受給打ち切りなどの役所の「努力」が功を奏しているのでしょう。それと共に、生活保護を受けることにうしろめたさや恥ずかしさを感じる人が多いことも大いに関係していると思われます。
自己責任、自助努力といった言葉がもてはやされるようになり、生活保護を受けることを「悪」とみなすような濃厚な雰囲気が、日本社会全体に漂っているように感じます。そのような雰囲気のなかで、貧困にあえぎ、苦しむ人たちも生活保護を受給することにうしろめたさや引け目、恥ずかしさを感じざるをえないのかもしれません。

しかし、ひきこもりから回復しようと思えば、お金が必要になります。障害者雇用枠で仕事を得ようとすれば、障害者手帳というものが必要となり、さらに、この手帳を取得するには、病院へ最低でも6カ月は通わなければならず、病院代や交通費がかかるわけです。もちろん、餓死しないため、生きのびるための生活費が必要なことは言うまでもありません。そこで、勇気をふりしぼって外へ出て、市役所の生活保護の窓口まで行ったとします。そこで、待ち受けているのが水際作戦だったとしたら……。

ひきこもり状態をあざ笑うような心ない言葉を投げかけられるかもしれません。屈辱的な思いをさせられ、心を傷つけられたあげく、申請書すら受けとってもらえなかったらどうでしょうか。

私ならもう二度と生活保護の申請をする気にはならないでしょう。私に限らず、よほど気が強くて、肝が据わった人間でなければ不可能だと思います。

このようにして大半のひきこもりの方々が生活保護の恩恵を受けることもなく、食事にも事欠く日々をおくりながら、希望を失い、生きる意欲をなくして、餓死を静かに待つような状態にまで追いつめられていくのです。

生活保護の捕捉率15・3～18％、利用率1・6％。先進国では桁違いの低い数字は、社会保障というセーフティネットの貧弱さを見せつけるものであり、一度でも失敗したら再チャレンジがむずかしいことを物語ってもいます。

ひきこもりが長期化するのも、生活保護をはじめとした公的支援があまりにも不十分であることが大きな要因だと思っています。また、生活保護については不正受給が度々話題になりますが、厚生労働省の2015年度全国厚生労働関係部局長会議の資料（社会援護局詳細資料2）のデータから計算すると、金額で見た不正受給率は0・45％です。

昨今の日本では成果主義や生産性重視が幅を利かしています。それにともない、弱者に対してどんどん冷たい国になっているように思います。役所の担当者は生活保護を受けようとする人たちを「水際作戦」で追いかえしますし、ネットでは彼らに対する「甘えるな」「人に迷惑をかけるな」の声であふれかえっています。

しかし、ひきこもりの問題を含め、貧困の問題はいつ、誰に起きてもおかしくありません。たとえ大企業に勤めていてもいつなんどき、リストラに遭うかもしれません。病気になって働けなくなることもあるでしょうし、親の介護のために退職することになるかもしれません。

つまり、団扇《うちわ》であおぎながら、生活困窮者を下々の人間として眺めている者がいつなんどき、その立場になるかもしれないということです。そうなったときにも、「今は働きがないあなたも、生きていていいんですよ」という仕組みが社会保障制度です。国には社会保障をきちんと整えて、充実させる責任があると思います。

現代社会に蔓延する「考え方」が「中高年ひきこもり」を生み出す

成果主義が生きづらさを加速させる

一部の人たちをひきこもりへと追いつめ、そこからの脱出をむずかしくしているものは、雇用や貧困といった政治・経済の問題だけではありません。多くの人たちが当たり前のこととして受け入れ、あるいは、受け入れざるをえない「考え方」もまた、ひきこもりの増加や長期化に結びついているように思います。

先ほど紹介した過剰な「自己責任論」のほかに、人々を追いつめ、ひきこもりに追い込んでいるのが、成果というものを唯一の尺度とする「成果主義」であり、生産性のみで人間の価値を測る「生産性至上主義」だと思います。

成果主義も生産性至上主義も人間の価値を数字のみで測るという点で根っこは同じでしょう。成果主義が欧米から日本に入ってきたのは、今世紀初頭のことでした。日本が不況にあえいでいた時期に、終身雇用制にとってかわるべき新しい経営スタイルとして大いにもてはやされたものです。

時期を同じくして流行った言葉に、「勝ち組」「負け組」があります。勝ち組と負け組を分ける基準は、結局のところお金です。お金持ちになれた人は勝ち組だし、非正規で貧しければ負け組として分けられます。

このような単純な区分けで人の勝ち負けを決めようとする感覚や神経は、成果主義や生産性至上主義とやはり根っこではつながっていると思います。

成果主義や生産性至上主義の主張は極論を言えば、成果をあげられなかったり、生産性が低かったりする人は「いなくていいです、退場してください」と言っていることにほかなりません。

社会にこのような考え方が蔓延すれば、社会から疎外され、はじき出される人たちが数多く現れるのは当然でしょう。そして、その一部の人たちがひきこもりとなってしまったとしても、不思議ではありません。

日本人にはなじまない成果主義と生産性至上主義

ところで、成果主義や生産性至上主義は、日本人の民族性を考えたとき、そもそもあまりなじまないのかもしれないと、私は考えています。

そう考える契機ともなった本が、河合隼雄先生の『中空構造 日本の深層』（中公文庫）でした。河合隼雄先生は、日本を代表する臨床心理学者であり、生涯を通じて「心の問題」や「人間の本質」について取り組み、研究されてきた方です。先に紹介した著書のなかで、河合先生は日本人の民族性を『古事記』などの神話に求めようとしています。

『古事記』の冒頭に登場する造化三神が、タカミムスヒ、アメノミナカヌシ、カミムスヒです。そのなかのアメノミナカヌシは最高神にもかかわらず、最初に名前が出てくるだけで、ほかには何の記述もありません。イザナギとイザナミのあいだにできたツクヨミも、三貴神のうちの一柱なのにほとんど触れられないままなのです。

河合先生はそれぞれ三神の中心的な存在であるアメノミナカヌシもツクヨミもほとんど

古事記のなかに登場しないことに着目して、中心となる神が何もしないこの構造を「中空構造」と名づけました。そして、日本人の深層にはこの中空構造があると論じたのです。河合先生は、日本人の深層に根づく中空構造の長所を次のように説明しています。

「……日本の中空均衡型モデルでは、相対立するものや矛盾するものを敢えて排除せず、共存しうる可能性をもつものである。」

この言葉を成果主義や生産性至上義との関係で見ると、次のように考えられないでしょうか。「中心となるべきものが空である中空構造を持つ日本人は、物事を善と悪の2つに分けて評価し、判断するようなことはしない。成果を上げている人間がそうでない人間をあえて排除しないで共存していくことが可能な民族でもあるのだ」と。

とはいえ、河合先生は中空構造の欠点も指摘しています。大きな事故や事件、不祥事が起きたときに、中心となるものが存在しないために、誰も責任をとらない無責任体制を生むというのです。それでも、中空構造の長所に目をやれば、甘えてもいい、甘えなくてもいい、成果が出てもいい、出なくてもいい、生産性が高くてもいい、低くてもいい、ということになります。決めつけることをしない、ゆるくて、曖昧模糊《あいまいもこ》としたところに社会の懐の深さや豊かさを見る思いがします。

現代社会に蔓延する「行きすぎた成果主義」や「極端な生産性至上主義」や、「勝ち組・負け組」の言葉が多くの人々の心を傷つけ、疲れさせ、追いつめているように感じます。企業が生き残るためには成果主義や生産性重視といった考え方も取り入れなくてはならないのかもしれません。しかし、それらが行きすぎると、人々を不幸にします。

ときには中空構造という、日本人が深層に持つ民族性に思いをめぐらせつつ、行きすぎにブレーキをかける必要もあるでしょう。

中高年ひきこもり問題の背景にある、現代の「親と子どもの関係」

学歴社会が子どもの自己肯定感を低下させる

ひきこもりを考えるとき、もっとも重要な概念であるのがアイデンティティでした。アイデンティティは「自分が自分でいい」と感じられる自己肯定感と、社会から「そんな自分でいい」と認められているという確信との2つの要素からなり、そして、アイデンティティの確立とは、この両者が獲得できた状態をいいます。

ひきこもっている方々には、アイデンティティの脆弱さが認められるわけですが、そのなかでも親との関係が大きく関わっているのが、自己肯定感の有無と言えます。どういうことでしょうか。

つまり、親とのあいだに横たわる問題が原因で、本来なら育まれるはずの自己肯定感が育たないまま大人になってしまい、そして、人によっては、自己肯定感の低さ、希薄さがのちにひきこもりとなって顕在化することもあるのです。ひきこもりは、「親子の問題」でもあるのです。

では、ひきこもりの方たちは、親とのあいだにどのような問題を抱えているのでしょう。具体的に見ていくことにします。

親から無条件に愛情をたっぷり注がれることで、子どもは自分が愛される価値のある存在だと感じ、そのことが自信の源泉となって自己肯定感を獲得していきます。

しかし、日本では、幼い頃には「かわいい」「あなたがここにいるだけで、お母さんもお父さんも幸せ」と言って無条件に愛情を注いで育てるのに、小学生になったとたんに態度を変える親が少なくありません。もちろん愛情を注がなくなるわけではないのですが、「かわいい」「いるだけでいい」という無条件肯定ではなくなってしまう方が多いのです。

小学校に入ると、テストが始まります。そして、テストは数字によって優劣がはっきりと測れます。それまでは、多くの親たちはわが子の存在自体に喜びを感じて、かわいい、かわいいと言っていたのに、いい点数をとってきたら「いい子」、そうでなければ「ダメな子」という考えに徐々に流されていくのです。

つまり、テストの点数という、たった1つの物差しだけで子どもの価値を測るようになるわけです。そうなると、ほかの物差しは目に入らない。悪い点数をとってきた子どもにはがっかりして、「ダメな子」という評価を下します。

たとえ、「ダメな子」と口に出して言わなくても、そのことを親の微妙な表情やしぐさから子どもは感じとるものです。

いちばん大切な存在であり、みずからのよりどころである親から評価されていないと感じれば、かなりの子どもたちが、それまでたしかにあったはずの自己肯定感が低下していき、ついには、自分という人間の存在そのものが認められていないと感じるようになったとしても不思議ではありません。

では、なぜ親たちは子どものテストの点数にこれほどこだわるのでしょうか。答えは言うまでもなく、私たちが生きている社会が学歴社会だからです。最近では「多様性」という言葉がさかんに聞かれますが、あいかわらず、「いい大学を出れば、いい会社に就職できて、社会のエリートとして一生安泰《あんたい》」という構図が日本全体をおおっているのが現実でしょう。

多くの親たちも、自分の子どもが将来困らないよう、しっかり勉強していい大学にいき、いい企業に就職するように子どもに促します。

こうして、多くの親たちが学校の成績でのみ、わが子の価値を判断し、評価するようになり、そして、勉強で高得点がとれるよう、子どもにハイパフォーマンス化を求めて、「塾へ行きなさい」「勉強をしなさい」とお尻を叩くようになってしまうのです。

子どもが家に帰ってきても、そこには自分を愛してくれる母親の姿はなく、いるのは「教育ママ」だけだとしたら、そして、小学生の頃から、親に成績のことばかり言われて、自分の価値を点数でのみ測られていたとしたら、自分の存在そのものを認められているとは感じられなくなってしまいます。

その結果、自分の存在が親の慈《いつく》しみや愛情の対象にはなっていないことを感じ、その不安と悲しみから、子どものなかの、「自分が自分でいい」という感覚が薄れていくことがあるのです。

ところで、韓国でもひきこもりが近頃、増えているそうです。韓国は、大学入試に遅刻しそうな子どもをパトカーが先導して会場へ送りとどけるようなことが毎年のようにくり返されるほどの、すさまじい学歴社会です。

私の知人の女性のパート先に、一家で日本へ移住してきた韓国人女性がいます。知人の女性が話を聞いたところ、韓国では生まれたときから受験競争が始まる。そのような環境で子どもを育てたくなかったから、日本へやってきたということでした。

その韓国でひきこもりが増えているのも、当然といえば当然でしょう。朝鮮日報によると、2018年には15歳～29歳の若者でのひきこもりが29万人。韓国の人口は日本の半分ほどの5000万人ほどです。人口1億2000万人の日本では、15歳～39歳のひきこもり数が、54・1万人。年齢層を10歳分広くして、この数字ですから、韓国のひきこもりの割合は日本と変わらない可能性もあります。

今の韓国では、就職難の影響も大きいでしょうが、それだけではなく、点数という単一の価値観が支配する学歴社会が多くの若者の自己肯定感を低下させ、彼らの生きづらさを助長している面もあるように思います。

ちなみに、韓国には徴兵制度があって、男子は29歳までに（一般には満19歳から）約2年間、軍に入隊させられます。厳しい訓練と人間関係を生き抜いて、晴れて除隊になった時点で、燃え尽きてしまっている人も多いという話です。

ところで、点数で評価されるのが学歴社会なら、成績のいい子は親に評価されながら育つので、自己肯定感も高くなりそうなものです。ところが、話はそう単純ではありません。第2章の話を思い出してください。

ひきこもりになりやすいのは、まじめで、繊細で、空気を読むのがうまくて、親の顔色をうかがい、親に従順だった傾向のある人でした。

親を喜ばせたい、親の期待に沿いたいと望む「いい子」たちは勉強もしますので、いい点数をとるかもしれません。しかし、親の意向ばかり考えるのが習慣になってしまうと、自分というものがない、つまりは、自我のない人間になってしまいがちです。

自我がないということは、人として、しっかりとした「核」がない状態ですので、自己肯定感は脆弱で、曖昧なものにならざるをえない場合も多いのです。

学歴社会のなかで、点数だけを追い求める親のもと、自己肯定感をすり減らしていく子どもたち。

彼らの心のなかでは、アイデンティティの入るべき場所が空洞になっていて、そして、その空洞に入りこんだのが「ひきこもり」とも考えられます。もし、ひきこもりから回復したいのなら、空洞を埋める作業からとりかかることです。

心のなかが空洞になったままでは、たとえまわりから助けられて就労できたとしても、長く続くことはかなりむずかしいと思います。

なぜなら、アイデンティティは人が他者とのあいだに健全な関係を築き、他者とのコミュニケーションを可能にするためになくてはならないものであり、人が他者のなかで生きるための「土台」となるものなのですから。

幸い、アイデンティティは30代、40代、50代の人でも親との関係しだいで、多くの場合は、獲得できます。もう一度、一から「親子をやり直す」ことによって、多くの場合はアイデンティティを獲得できるようになり、そのことによってひきこもり状態から脱出できるのです。

アイデンティティの獲得をとおして、ひきこもりを改善し、そこから脱出するための「親育ち・親子本能療法」については、最終章でしっかりと触れていきます。

第4章

「中高年ひきこもり支援」の知られざる実情

公的支援がひきこもりを長引かせる⁉

「サポステ」も「ひきこもり相談支援センター」も40歳以上は使えない

長引く中高年ひきこもり……。その背景には、日本社会が抱えるさまざまな問題が横たわっています。そこで、政府も自治体も現在、ひきこもりの方々の支援のためにいろいろな取り組みを行っています。

ところが、このような公的支援は、実はほとんど効果をあげていません。現に、2017年11月27日付の産経新聞は、ひきこもりなどを対象に就労準備を支援する自治体運営の事業所の半数以上が、事業を断念していることを報じています。それどころか、公的支援にはひきこもりをかえって長引かせる結果になっているケースさえ、しばしば見受けられるのです。いったいどこに問題があるのでしょう……。本章では公的支援の実情と問題点、そして、あるべき支援の形について探っていきたいと思います。

ひきこもりが注目されるようになったのは、30年ほどまえのことです。そこから、政府や地方自治体もひきこもりの方たちの支援体制を整備するために尽力してきたことは、たしかです。ところが、それらの支援センターが「本当の意味でのひきこもり支援」になっているかというと、そうとは言い切れない状況があります。また、中高年ひきこもりの方たちの命綱にもなりえる生活保護も捕捉率15・3～18％であり、ほとんどの人が受給できないという大問題を抱えているのです。

現在、ひきこもりの方々の公的支援組織には、主なものに「ひきこもり相談支援センター」と「地域若者サポートステーション」の２つがあります。２つの支援組織で手厚く支援をしてくれているのでは……と思われるかもしれませんが、これら２つの機関とも対象としているのは15歳～39歳の若年者のみ。令和元年11月の今現在では、40歳を超えた中高年のひきこもりの方たちには門戸を閉ざしているところが、ほとんどなのです。

「ひきこもり相談支援センター」は都道府県や主要都市が運営にあたり、ひきこもりの本人やその家族の相談に応じ、また、利用できる機関や制度についての情報も提供しています。支援サービスを受ける最初の「入り口」となるのが、このセンターです。

「地域若者サポートステーション」、略して「サポステ」は、働くことに悩みを抱えている人たちに対して就労に向けた支援を行っています。全国に１７７か所の拠点があり、厚生労働省から委託されたＮＰＯ法人や民間企業などが運営に当たっています。

支援の具体的な内容としては、コミュニケーション訓練、キャリアコンサルタントなどの専門家による就労相談、また、協力企業での就労体験といったものがあります。

しかし、この支援には、先にお伝えしたとおり年齢制限があるのです。

40歳を超えた中高年ひきこもりの方は、このような機関を利用できなくなり、誰かに相談にのってもらいたくても、相談にのってくれる人がいないし、助けてほしくても助けてくれる人がいなくなるわけです。

長らく、ひきこもりは若者に特有の現象だと思われてきましたが、今や中高年ひきこもりが若い人たちよりも多いことが明らかになっています。それにかかわらず、40歳以上のひきこもりの人たちを対象から外しているのですから、おかしな話です。

「就労ありき」がひきこもり状態を悪化させる

さらに、公的支援に関しては、年齢のこと以上に深刻な問題があります。

それは、就労支援に重きを置きすぎている点です。政府や厚生労働省の関心はまるで就労にしか向いていないように感じられるほど、「就労ありき」の政策がとられているように感じます。現に厚生労働省による2007年のひきこもりの評価・支援のガイドラインは就労を目的とした支援モデルとなっているのです。

「就労ありき」というと、よいことのようにも思えますが、実は、就労支援にだけ頼る方法は、ひきこもり状態を改善させるどころか、かえって回復を遅らせて、ひきこもりの長期化につながりかねません。なぜなら、相談に来られる方々にとって必要なのは、まずは心のケアであり、就労の斡旋ではないからです。どういうことでしょうか――。

ひきこもっている方々の大半は、いまだ「就労ができる心の状態」ではないことが予想されるからです。就労する、つまり、多くの人のなかで働いていくには、先にお話しした、心の土台となるべき「アイデンティティの礎」が必要になります。その土台のない方が就労支援によってなんとか就労できたとしても、結局は仕事を続けられなくて、またひきこもり生活に戻ってしまうことがとても多いのです。

せっかく就労したのに辞めてしまえば、このことが失敗体験として記憶され、自分は何をやってもダメな人間なのだという無力感におそわれるでしょう。これを心理学では「学習性無力感」と言います。学習性無力感によって心は傷つき、自己肯定感はさらに低下し、その結果、ひきこもり状態が長引くことになり、そこからの回復もより困難になることは想像にかたくないでしょう。

もちろん、「サポステ」や「就労移行支援事業所」の就労支援によって仕事を得て、ひきこもりからの復活を果たした方々もいますので、すべてにおいて効果がないなどと言うつもりは決してありません。しかし、実際、現場でひきこもり支援活動を行っている人間の多くが私自身も含めて、「サポステ」などによる就労支援は実を結んでいないと感じているというのが、正直なところだと思います。

ひきこもりとひと口に言っても、長期間にわたってひきこもってきた方もいれば、ひきこもりの期間が短い方などもいるわけです。ひきこもりの状態におかまいなしで、十把一絡《じゅっぱひとから》げで就労のみに向かうことに無理があるのだと思います。先ほど、お伝えした地方自治体運営の事務所の半数が事業を断念している件ですが、これはひきこもり当事者に問題があるのではなく、そのまえに必要な見過ごされたニーズがあるのではないかとも思えるのです。それはひきこもりの方が安心して他者との関係を育めるようになるというような「心のケア」から始まるきめ細かな支援であると、私は思います。

なぜ、公的支援はうまくいかないのか

このようなことを考えているのは、実は私だけではありません。

支援の現場では同様の声がよくあがっているにもかかわらず、いっこうに支援体制が変わる気配はありません。これは「サポステ」や「就労移行支援事業所」に、国や地方自治体から多額の助成金が払われていること、その結果、残念なことに、就労支援が「ビジネス」になってしまっているという現状と、大いに関係しているように思えます。

どういうことか、ご説明しましょう——。

国や地方自治体などは、ひきこもりへの対策を行うために「サポステ」や「就労移行支援事業所」に助成金を支給しています。そして、助成金を支給する国や自治体は、その金額に見合う「実績」を支援団体に求めます。当然といえば、当然でしょう。国民から集めた税金で助成金を払っているので、責任ある使われ方をしなければ意味がないわけです。

しかし、実績となると、どうしても「目に見える数字」が大事になります。たとえば、利用者数やひきこもりから回復し、就労にたどりつけた人の数字や、ハローワークの面接を受けに行った人の数字が、実績として重要視されるのです。

これらの数字が目標に達しなければ、国や自治体は助成金を減額せざるを得ません。成果を出していない支援に大事な税金は払えないからです。場合によっては、助成金がゼロにもなると聞きます。

「サポステ」や「就労移行支援事業所」としては、助成金がゼロになってしまえば、立ち行かなくなります。そのため、どうしても「実績」を重視した活動をせざるを得なくなるのです。たとえば、まだ働きに出ることができないような状態のひきこもりの人たちであっても、支援団体がうまく説得して、とりあえず就労までもっていくように努力します。長年ひきこもっていた人が、無理やり働かされても、長続きしないのは目に見えているのですが……。

なかには、就労支援が完全にビジネスになってしまっているケースさえあります。「実績」ができればできるほど、助成金が増えるので、支援団体のなかには、ひきこもりの人の事情にはおかまいなしで、とにかく「実績を上げよう」とする団体もあるのです。

ひきこもりだった人が職場の環境になじめずに3カ月ももたずに退職して、再びひきこもろうと知ったことではないし、仕事を辞めたことで学習性無力感におそわれて、以前よりも自己肯定感がさらに低下して、ますます回復がむずかしくなろうと知ったことではない……という感じで、「支援」を行う団体も残念ながら存在するのです。

このような団体ばかりではなく、もちろん善意から懸命に支援している団体が多くあります。ところが、その善意がかえって利用者を傷つけている側面もあるのです。このいたたまれない現状は「ひきこもり支援イコール、就労支援」という単線構造で扱われてきたことに大きな要因があると思います。支援の場にも中空構造のような曖昧模糊としたやわらかで個人のペースが守られる要素が必要に思います。

「実績」よりも、「心のケア」を

ひきこもり支援での「実績」のむずかしさ

実際に現場で必要とされる支援は、実績重視の支援ではありません。じっくり時間をかけて、ひきこもりの方の心のケアを行い、同じ思いをしている仲間とその気持ちを共有できる居場所と時間を設けて孤独や苦しみを癒していくことです。その交流等を通して「○

○せねばならない」という「とらわれからの解放」が有効になると、草野智洋氏の2010年の研究でも発表されています。そして、仕事をするための心の準備ができたのちに、やっと就労支援を開始するというのが、必要とされる支援の形だと、経験と研究から感じます。時間がかかるようですが、こちらのほうが、大切な心のケアがなされるため仕事が長続きして、再びひきこもる可能性は低いのです。

しかし、このようなやり方では短期的には「数字」が上がりません。したがって、「急がば回れ」で、本当の意味で実績を上げている事業所が「実績なし」とされ、なんら実績を上げていなくても数字だけよいところが「実績あり」と評価されるということも、往々にして起こるわけです。数字で判断するということは、そういうことなのです。

2000年前後から日本社会を席巻《せっけん》している、数字による成果主義というものが就労支援の現場でも貫徹されているのだと思います。

このように、ひきこもりの方々に対する公的支援の現状は大きな矛盾と問題をはらんでいると考えられますが、その矛盾や問題をそのまま反映しているような、象徴的と言ってもいい場面に遭遇したことがあります。それは、150人ぐらいをまえにひとりの青年が立ち、ある支援団体によってひきこもりから脱出して、就労できたことを報告したときのことでした。そのときの場面を次に再現してみましょう。

「就労できました！」の実体は？

支援団体の主催スタッフ、Cさんが「よかったね、就労できて。今、どんな感じですか」と口火を切ると、青年が話しはじめました。しかし、表情も声の調子も弱々しいのです。

「こんな場所に立たせていただいて、ありがとうございます。おかげさまで、Cさんの支援を受けながら就労させていただきました。親も喜んでいます」

「親御さん、あまり協力しなかったんだよね」

「そうなんです。ただ迷惑かけてばかりいたので、就労できて私としては安堵《あんど》しています」

このような調子で話が続いて、最後の質疑応答で、ある親御さんが質問をしました。

「ひきこもりの子たちって、世の中に出ていくのが怖いと思うんです。でも、あなたは出ていけたし、今もその状態を保っています。どうやったのですか」

すると、彼はボロボロになった自己啓発本をバッグからとりだして言ったのです。

「この本を読んで、がんばりました」

彼が大事にしていた本だったのでしょう。遠くに座っていた私からでも何度も読んでいるのがわかるぐらい、表紙が擦り切れ、ボロボロの本が見えました。

するとと、会場のなかのひとりがその本の著者を嫌いだったのか、声をあげたのです。

「あなた、ここはその本を宣伝するような場所じゃないわよ」

勇気を振り絞って話している元ひきこもりの男性に、この場で、そのような発言をふつうはしません。正直、唖然《あぜん》とすると共にあきれました。私は当然、青年も言い返すものだと思ったら、

「すみません、そういう場じゃなかったですね」と、すぐに引き下がってしまったのです。

私は、この青年のことが心配になりながら会場を後にしました。その後、たまたま知ったのですが、彼は半年後に仕事を辞めていたのです。これが就労支援の現実であり、実際の姿のひとつと言えるでしょう。


もちろん、Cさんのもとでひきこもりから見事に復活して、仕事を続けている青年もいるはずでしょうし、いると信じたい気持ちでいっぱいです。しかし、私がここでお伝えしたいのは、社会参加の準備ができていない層もいるということなのです。彼らは人生に希望が持てず、自分の意思を尊べず、目的意識が薄いため、集団のなかでは不安になってし

まうことがあるのです。

ボロボロの自己啓発本を大切に持ち歩いていた青年が該当すると思うのです。そのような心の状態では、嫌なことも嫌だと断れないし、違うことも違うとは言えないし、ノーとも言えないでしょう。これでは仕事を続けることはむずかしいと感じます。

就労支援よりもまえに行わなければならない支援は心理学の視点に立った心のケアであり、心の支援であり、心を守り、支え、育むことだと、支援の現場を見るなかで強く感じます。

ひきこもり回復のために「足りていない観点」とは

支援の現場では臨床心理士の数が圧倒的に不足している

地域若者サポートステーション（サポステ）や、ひきこもり相談支援センター、ひきこもりの家族会など、ひきこもり回復のためにさまざまな支援グループや組織の方々が全国各地で熱心に活動していらっしゃいます。

21年まえにわれわれSCSカウンセリング研究所がひきこもりのカウンセリングを始めたときには、サポステも、ひきこもり相談支援センターもなかったことを思うと、隔世《かくせい》の感があります。支援センターなどの方々の努力により、ひきこもりに対する社会の人たちの理解と認知度も高まりました。

しかし、残念ながら、今の支援体制には致命的な「不足」があることも確かだと言わなければなりません。しっかりとした専門性を担保した心理学的な観点からの支援が決定的に不足し、現場に臨床心理士の数が圧倒的に不足しているのです。

実際、サポステでも、ひきこもり相談支援センターや、ひきこもり家族会でも、臨床心理士が常勤でその場に参加することはいまだ少ないと言っていいでしょう。そのため、ひきこもりの方々に対して、質のともなった心理学的なアプローチがなされていないのが現状なのです。

ひきこもりは経済の問題、命の問題でもありますが、同時に「心の問題」でもあります。大学で2年間トレーニングされ、心理学修士号を納める臨床心理士は人の心を見て、支えて、育むために長年、勉強をして訓練を受けつづける専門家です。就労をはじめとする経済的な支援と、心の支援は車の両輪。どちらが欠けても車は動きません。

臨床心理士などの心の専門家による心理学的な観点とアプローチも加わってはじめて、ひきこもりの方々をしっかりと支え、救うことができると思っています。

たとえば、ひきこもり相談支援センターに常勤の臨床心理士がいれば、いきなり就労支援の話を始めるまえに、本人の心のケアができます。ひきこもりの人たちの多くはさまざまな挫折やつらい経験のなかで、アイデンティティを失い、心の土台を持てないで苦しんでいます。その「心の土台」の回復をカウンセリングなどを実施し、その人の語りに耳を傾け、そしてその人にとって適切な方法で行うことができるのです。また、こんなこともありました。ひきこもり相談支援センターに相談に来た、ひきこもりの息子を持つ親御さんの話です。支援センターでは、子どもを奮い立たせるために怖い顔をして、「自立しろ!」と、子どもに言うようにアドバイスされたそうです。これを父親が実践した結果、親子関係はより険悪になり、ひきこもっている息子は3年も父親のまえに姿を見せなくなったとのことでした。これも、心を無視した結果起きてしまった出来事です。心の専門家がいれば、このようなことは起きなかったように思います。

ひきこもっていた方が晴れて働けるようになってからも、必要に応じて精神的な支えを継続的に提供することが可能になれば、仕事を続ける助けにもなるはずです。

臨床心理士がいないから、発達障害を見つけられない

さらに大きいのが、発達障害と精神障害の問題です。ひきこもりの方の約3割に発達障害が、そして、同じく約3割に精神障害が見られます。ところが、発達障害かどうか、精神障害があるかどうかは、専門家でなければ気づけません。

たとえば、こんな出来事がありました。

たまたま私が居合わせた相談センターで、あるひきこもりの方の話を聞いていて「少し変だな」と感じて、病院へお連れしたことがあります。専門医の診断は注意欠如多動症、ADHDでした。その方は40歳にしてはじめて自分がADHDと診断されたのです。

激しく動きまわったりすれば、素人目にも「おかしい」と感じますが、軽い場合、あるいは、注意欠如のみのADの場合では、1時間ほど話をしただけでは、発達障害を疑う人はほとんどいないでしょう。くり返しになりますが、それを疑えるのは医師以外では、臨床心理士などアカデミックな訓練を受けた心の専門家なのです。

３割が発達障害というひきこもりの「事情」を考えればなおのこと、ひきこもり支援の現場に臨床心理士などの心の専門家を常勤で派遣することが必要だと感じます。就労支援をするにしても、発達障害がわかっていれば、たとえばその治療を優先させるなり、その方に適した、よりよい対応も可能になるというものです。

ＡＤＨＤと診断されたことで、解雇をまぬがれた人もいます。ＡＤＨＤの方たちは物事の優先順位がつけられず、すべての仕事が散漫になってしまいます。その男性も上司にそのことで叱られてばかり。しかし、あるとき、その上司に「おまえ、どうもおかしい」と、病院へ行かされ、そして、はじめてＡＤＨＤとわかったのです。

臨床心理士のアドバイスをもとに、男性は７つの仕事をマグネットのプレートに書いて、それらを優先順位にしたがってホワイトボードに並べて、各仕事の横には何時から何時までと、タイムリミットも書き込みました。この方法によって、上司も進捗状況が確認でき、男性も適応していき、仕事を続けることができたのです。

このように発達障害とわかれば対処が可能な場合もありますし、適切な対処をすることによって、就労の幅も広がり、ひきこもりから回復する可能性が高まることも考えられるでしょう。もちろん、同様のことが統合失調症や強迫神経症、うつ病などに関しても言えるわけです。

ひきこもりという問題にはつねに、「心」が関わっています。そのため支援の現場には臨床心理士などの心の専門家の存在が不可欠だと感じます。しかし、ひきこもり支援の現場に、臨床心理士のような心の専門家の数は少ないのが現状です。これには、支援団体の意向だけではなく、社会的な要因があるように感じます。

いったいなぜなのか、どのような問題がそこにあるのか、お話ししていきましょう。

戦後、日本は「心」の問題を軽視してきた

日本人は勤勉な国民だから、経済復興は10年から15年で成し遂げるだろう。ただ、心の問題に関しては、100年はかかるだろう――。

お名前は失念してしまいましたが、敗戦後間もない日本へ来て、日本の経済や文化を長年研究してきたイギリス人の学者が当時、このような意味のことを書いていたと聞きます。

残念ながら、ひきこもりをとりまく現状を見る限り、このイギリス人の学者の言葉どおりになってしまいました。

高層ビルが立ち並び、洒落たオープンカフェで流行のファッションに身を包んだ人たちが談笑する今の日本の様子は、ヨーロッパの街並みを思わせます。日本が戦後、経済大国として見事な復興を遂げたことは誰もが認めるところでしょう。

ところが、この国ではいまだに臨床心理士による心理カウンセリングは保険点数の対象外になっています。つまり、保険が使えないのです。このことをひとつとってみても、心の問題をないがしろにして、ひたすら経済発展をめざし、ひた走ってきたことがわかります。

そして、ひきこもりへの対処の仕方にもまた、心の問題をないがしろにしてきた私たち日本人の姿を見る思いがします。たとえば、政府や行政はひきこもりの人たちの「心」に予算を割きません。政府だけでなく、当の親たちも、ひきこもるわが子の心のためにお金をかけるという発想が乏しいように思えるのです。

ひきこもりの現場に臨床心理士がほとんどいない現状は、心の問題における日本の後進性という問題が背景にあるのだと思います。

これからはひきこもりの支援には発達障害の知識とともに、統合失調症、うつ病、躁うつ病、神経症、適応障害、睡眠障害といった精神障害の知識を持っている人間がぜひとも必要だと思います。

なぜなら、ひきこもりと心の問題は切っても切れない関係にあるからです。心をケアせずに、ひきこもりからの回復はないと、私は思います。さらに、支援の現場に臨床心理士や精神保健福祉士がいることは、ひきこもりの方たちが障害年金を受給しようとしたり、障害者雇用制度を使って就労しようとする場合にも、とても有利に働くでしょう。

発達障害や精神疾患のある人たちは、障害年金の受給や精神障害者福祉手帳の取得の可能性があります。これらは、ひきこもりの方でも、病院へ行き診断名が確定されればもちろん受給できます。受給できると、さまざまな支援が受けられるのですが、とくに精神障害者福祉手帳があると、障害者雇用制度を使って就職できる可能性が広がるのです。つまり、ひきこもりの方々にとって大きなハードルである「就労」への第一歩を踏み出しやすくなるのです。

ただ、残念ながら、心の専門家がいない現場では、発達障害や精神疾患のひきこもりの人たちを見逃してしまっていることが、多々あります。すると、公的資源で助けられたはずの人たちを救えないことになるわけです。だからこそ、くり返しになりますが、ひきこもりの支援には、心の専門家の存在が重要になってくるのです。

第5章

「中高年ひきこもり」回復へのプロセス

ひきこもり回復に欠かせない「親育ち・親子本能療法」とは

親が取り組み、子どもの心に「希望の灯」をともす

ここからは、中高年ひきこもりからの回復のために、どうすればいいのかを具体的に説明していきましょう。

私がここで紹介するのは「親育ち・親子本能療法」という方法です。この療法の最大の特徴は、取り組みの主体がひきこもっている当人ではなく、親である点にあります。

この本を読んでくださっている方が、わが子のひきこもりに悩んでいる親御さんであれば、この方法をぜひ試してみていただければと思います。もし、ひきこもり当事者の方、また、身近にひきこもり状態の人がいる方であれば、この療法をご自身がそのまま行うことは残念ながらできません。しかし、この療法を知ることで、ひきこもり回復のために必要となる手がかりやヒントを多く得られるはずですので、ぜひ、読み進めていただきたいと思います。

この療法では、親はこれまでよしとしてきた、みずからの物の考え方や価値観を問い直し、わが子への接し方や態度を、そして、親子関係がどうあるべきかを学んでいきます。言いかえれば、親の「育ち（成長）」を支援することによって、子どものひきこもりからの回復をめざすわけです。

それにしても、問題を抱えているのは子どもなのに、なぜ親が取り組みの主体になるのでしょう。その疑問にお答えするために、親育ち・親子本能療法がどのような経緯で導き出されたのかを簡単にお話しします。

親育ち・親子本能療法はＳＣＳカウンセリング研究所の共同代表のひとり、桝田宏子代表によって創始されました。ちなみに、桝田宏子（以下、桝田）は私の実の母です。

31年前、桝田もひきこもっている当人に直接、カウンセリングを行っていました。カウンセリングによってほとんどの方が仕事に就けるようになりました。ところが、その8割ほどの人たちが遅かれ早かれ仕事を辞めてしまい、またひきこもってしまうのです。これを私どもは「ぶり返し」と呼んでおります。

そのようなかで、本人が全くカウンセリングに来ず、親のみがカウンセリングに通い、熱心に取り組み続けたケースがありました。そのケースは、まったくぶり返さなかったり、たとえ何回かぶり返しても、そのたびに小休止を挟んで復活してきて、最終的にはひきこもり状態から回復できたのです。この方たちは他の人たちとどこが違うのか、桝田が徹底的に検証したところ、それが「親の、子への関わり方の違い」であることに気がついたのです。具体的には、彼らがひきこもっているわが子につねに「無条件肯定」で接していることがわかったのです。

無条件肯定の詳細はのちほどお話しすることにして、桝田はそれ以後、ひきこもり当事者への面接よりも、もっぱら親たちをカウンセリングするようにしたのです。

こうして試行錯誤を重ねながら創りあげられたのが、親育ち・親子本能療法でした。それは、ひきこもり支援の現場で、日々のカウンセリングのなかから生みだされた、実効性をともなった療法と言えるでしょう。

実際、多くのひきこもりの方々が、親との関係性が変わるだけで復活していきます。それも、自分の人生をイキイキと取り戻し、ひとまわり逞《たくま》しくなって回復していくのです。

私も仕事柄、ほかの支援団体で、当人のカウンセリングにより回復した人たちの話をよく聴きに行きます。その方たちからは大抵、どことなく頼りなさそうな印象を受けます。

しかし、親との関係性の変化によって復活してきた人たちは大地にしっかりと根を張り、太い幹を持った樹木のような堂々とした雰囲気を漂わせているのです。

いったいなぜそのようなことが起きるのでしょうか。

大雑把に説明すると、ひきこもっている人たちは「自分が生きていていい」という感覚を持てないまま、ひきこもっています。

この「自分が生きていていい」という感覚は人間関係、とりわけ親子という第一社会の関係性において得られます。つまり、親に自分の存在が認められていると感じることによって、子どもの心に「自分は生きていていい」という感覚が芽生え、育っていくのです。

そして、「自分が生きていていい」という希望の灯《あかり》を、ひきこもっている人の心にともすのに、もっとも適している存在もまた親なのです。

親との関係性によって獲得した「生きていていい」という感覚は、人が生きようとするときの心のエネルギーとなります。このエネルギーを手に入れられるからこそ、親育ち・親子本能療法で立ち直っていった方たちは、自分の人生をイキイキと取り戻し、その多くがひきこもりから逞しく回復することができるのです。

親が取り組みの主体になることと共に、この親育ち・親子本能療法が他の療法と大きく異なるのは、就労や就学を直接の目的としていない点でしょう。本療法がめざすのはあくまでも、ひきこもっているわが子を親が支えつづけることによって、最終的に子どもがアイデンティティを獲得することであり、自己実現の道へ導くことです。

なぜなら、ひきこもりの根本的な原因はアイデンティティの拡散であり、そのことに働きかけない限り、ひきこもりから完全に回復することはむずかしいと考えているためです。そして、アイデンティティの獲得の道へ入ったとき、その結果として就労も就学も可能になるというわけです。

アイデンティティ獲得までの5つのプロセスとは

では、親子本能療法において、親は具体的に何をめざし、どのような役割を担うのでしょうか——。

親育ち・親子本能療法では、子どもが最終的にアイデンティティを獲得するまで、5つのプロセス、すなわち、「希望」「意思」「目的」「有能性」「アイデンティティ」を経ながら子どもをサポートしつづけ、わが子の欲求感を育みます。ひきこもっている子どもの多くは、最初はこのプロセスの「希望」の位置にいます。そこから、親が子どもへの対応を変えることによって、「希望」→「意思」→「目的」→「有能性」→「アイデンティティ」と、親子で共に1つずつプロセスを歩んでいくのです。まず、それぞれのプロセスを簡単に説明します。

①「希望のプロセス」では、家庭内に安心・安全の環境を「風土」として根づかせることで、わが子の心に「生きていていい」という希望の灯をともします。

②「意思のプロセス」では、親が、わが子が発する恨み・つらみ、罵詈《ばり》雑言、ああしたい・こうしたいなどの荒唐無稽とも考えられる思いなど、陰陽混合する思いの聴き役に徹します。わが子はこの「吐き出し」によって、心の浄化（カタルシス）を得られ、「自分自身と自分の意思に価値があると思える」ようになります。

③「目的のプロセス」は、わが子の心に「これをやってみたい！」という欲求が芽生え、大きく育っていく時期。親はわが子の「やってみたい」を経済、心理の両面で支えることで、自己決定能力を培います。

④「有能性のプロセス」は、わが子の社会参加が始まる時期。有能性と劣等性の間で、心の天秤《てんびん》が揺れ動くわが子の弱音や愚痴、未来への展望を聴き、「有能性」を持って生き

られるように支えます。

⑤「アイデンティティのプロセス」では、「自分が自分でいい。そして、社会からもそう思われているであろう確信」、すなわちアイデンティティ獲得の道に入ります。社会的位置づけを模索するわが子を遠くから見守りながら、子どもが求めてきたサポートのすべてを行います。

「希望」→「意思」→「目的」→「有能性」→「アイデンティティ」という以上のプロセスは、人が赤ちゃんとして生まれてから、乳児期、幼児期、学童期を経て、思春期を乗りこえ、アイデンティティを獲得するまでの心理学的プロセスと重なります。その意味で、親育ち・親子本能療法は、親子でその関係をもう一度、基底部分からやり直しながら、不足している部分を補い、あるいは、補強していく療法とも言えるでしょう。

それぞれのプロセスにおいて、親はどのようなことをすればいいのかを、次のページの表に簡単にまとめたので、ぜひ参考にしてみてください。

ひきこもり回復に向けた5つのプロセス

プロセス	プロセスの目的	ひきこもっている子どもの特徴	親が行うこと
⑤「アイデンティティ」のプロセス	我が子のアイデンティティの獲得	●ストレスを受けても自力で解消できる ●困ったら他人や親に助けを求められる ●自己実現に向かう	●無条件肯定 ●自立する我が子を信じ、見守る
④「有能性」のプロセス	我が子が「自分は自分なりにやっていける力がある」という有能性を持てるようになる	●具体的に何かに真剣に取り組む ●会話の質が向上し、外出頻度が安定する	●無条件肯定でネガティブを聴き取り支える ●アドバイスは慎む ●何かあったら親が駆けつける
③「目的」のプロセス	我が子の「自主性」を尊び、自己決定力を育む	●外出が徐々に増える ●「ああしてみたい」などの発言が出る ●アルバイトなどをしてみることも	●無条件肯定の徹底 ●アドバイスを慎む ●先回りせず、我が子が遊び始めたりしたら、歓迎する
②「意思」のプロセス	我が子が「自分の意思に価値がある」と思えるようになる	●外出はほとんどない ●家族間の会話が始まるが、内容はネガティブなことばかり ●怒鳴り散らすなどの「吐き出し」が始まる	●無条件肯定の徹底 ●とにかく全てを聴き取る
①「希望」のプロセス	家庭内に安全・安心の風土を育む	●親と話さない ●部屋に閉じこもっている	●無条件肯定を学び、実践する ●正論をいっさいやめる

親育ち・親子本能療法で「中高年ひきこもり」を回復に導く

中高年ひきこもりも、青年期のひきこもりも回復法は変わらない

親育ち・親子本能療法といえば、思春期向けのものと考える方が多いでしょう。親が取り組むのだから、子どもが40歳、50歳の中高年のはずがないと思われるのかもしれません。

しかし、親育ち・親子本能療法は思春期の子どもだけでなく、40歳、50歳、60歳の中高年ひきこもりの人たちにも大きな効果を発揮します（もちろん、この場合、親が健在で、体力的にも精神的にもわが子を支えられる健康な状態であることが条件ですが）。

なぜなら、10代でも60代でも、ひきこもりの人たちが親との関係で抱えている問題は本質的に同じだからです。

まず、アイデンティティの問題です。アイデンティティが拡散していることが、ひきこもりの一大要因でした。そのアイデンティティの大部分は乳児期から思春期までのあいだに、親との関係性において育まれ、獲得されていきます。

ところが、ひきこもる人たちのほとんどが、子どもの頃の親子関係になんらかの問題を抱えてしまい、それを修復できないでいるか、脆弱性を残したままでいるために、アイデンティティを獲得できていないことが多いのです。

つまり、年齢に関係なく、10代であれ60代であれ、親との間で信頼関係を修復して、アイデンティティのプロセスに入らない限りは、ひきこもりからの回復はある意味で期待できないわけです。

また、親たちの無理解も大きな問題です。親たちの多くは、ひきこもっているわが子の心のなかで起きていることをまるで理解していないことも多いのです。そのため、ひきこもっているわが子に「働かざる者食うべからず」などと正論ばかり吐き、外へ出るように叱咤《しった》激励します。これでは子どもが「何を言っても親にはわかってもらえない」と口を閉ざし、親との接触を避けるようになるのもいたしかたないでしょう。

親のこのような言動に触れるたびに、子どもは自分の親でさえ理解してもらえないことに絶望感と孤立感を深めていくのです。そして、親子のあいだに起きている以上の現象は、ひきこもっているのが思春期の子どもであれ、60代であれ、変わりがないのです。

たったひとりで絶望の淵《ふち》から這《は》い上がることは、人間にはほぼ不可能で、第三者の介入が必要です。そして、最良の第三者は親をおいてほかにいません。わが子がコケたときには、そのわが子が60歳であれ、親が80歳であれ、親の出番なのです。

というわけで、次に親育ち・親子本能療法によって、中高年のわが子を見事に蘇らせた親御さんのお話をSCSの事例からご紹介しましょう。

【10年かけてひきこもりから回復された男性】

10年ほどまえのある日、73歳になるお父さんがおひとりでお見えになりました。

43歳の長男が数年まえからひきこもっているとのこと。高校を卒業後に就職したけれど、人間関係がうまくいかずに数年で退職したのをきっかけにひきこもられたといいます。

とにかく金銭問題と親への暴言が激しく、どう対処していいのかもわからず、うろたえるばかりだったご両親ですが、思い切って親育ち・親子本能療法を開始されたのです。お父さんは私どもの面接に頻繁に足を運ばれました。そして、家ではお母さんも熱心に取り組まれ、いついかなるときも息子さんの味方でした。息子さんは家の1階の窓ガラスはすべて割りつくし、電子レンジ、電話機、ラジカセ、CD……と、あれもこれも壊して、食器棚も倒し、仏壇を風呂に投げ込んだこともあります。警察も数回、呼んでいます。息子さんがパトカーに乗せられたときなど、「その子は悪くないです。助けてください!」と、お母さんは叫んだといいます。あるとき、「もう親の私たちは逃げない。この子とやっていこう!」としっかりした言葉で言い放ったのもお母さんでした。息子さんはそのとき、安心したように、表情を緩ませたそうです。

私たちも、このご両親のもとであれば、ご本人は確実に回復すると思ったものです。

息子さんは出生時の医療ミスで、左腕に障害を負っていました。小学校に上がるときに病院のすすめで、他県の養護学校で寮生活を送ることになります。親元から地元の小学校に通うようになったのは2年生以降でした。

息子さんは幼い頃に寮生活をさせられたことで、両親に対して少なからず恨みを抱いていたようで、そのため親への不信感を募らせていたと考えられます。

親育ち・親子本能療法をしていたあるとき「おれが産まれた病院はどこだ。訴えてやる!電話しろ!」と騒ぎたてたこともありました(この時期、「吐き出し」をしていたと思われます)。親御さんたちはひたすら耳を傾け、無条件肯定をしたのです。

親御さんの取り組みが功を奏し、息子さんはしばらくして落ち着きを取り戻しました。

やがて息子さんは少しずつ外の世界へ関心を持ち、自立をめざすようになります。「人に使われる仕事は嫌だ」などと言いながらもアルバイトをしたり、「〇〇の店を始めるから」と銀行に融資を申し込んだり、講演会を企画して失敗したり……。自立しようと必死にあがきます。

息子さんの生活は、なおもめまぐるしく変わりつづけました。通信教育で行政書士の資格講座を受けはじめ、懸命に勉強をして試験も受けたかと思うと、合否発表を待たずに大阪へ行って独り暮らしを始め、今度はアルバイトを転々と変えていったのです。

お父さんが心配して、面接においでになりました。「息子さんは『目的』のプロセスに入られたのです。ご本人が自分で考えて、いろいろチャレンジしながら自己決断している最中だと思ってください」と、アドバイスいたしました。

大阪で4年暮らしたのち、山形県にある父親の実家が、祖母の施設入所で空き家になったことをきっかけに、息子さんは山形のその家に移ります。

広い家での独り暮らしは、生まれたときの腕の障害から始まったみずからの人生を振り返るには格好の時間と環境となったようです。山形の親戚や近所の人たちとも交流するなかで、徐々に他者（人間）への信頼感が育まれ、同時に、両親への信頼感も再構築されたように思えました。車の免許の取得にも挑戦しています。数年間の穏やかな田舎暮らしのあいだに、息子さんは自分自身の人生観をしっかりとつくりあげたようです。

2018年、息子さんは自分で車を運転して東京の実家に戻り、両親と妹との4人暮らしを始めました。

実は、お父さん自身も息子さんの回復に手応えを感じるにつれ、変わられたようでした。「わが子や家族以外の人にも感謝できる人間にならなくては」と、それまで他人に〝頭を下げる〟ことのなかったお父さんが、みんなにお礼を言ったり、挨拶をしたりするようになったといいます。お父さんご自身も取り組みを通じて成長なさったのでしょう。

お父さんがはじめてSCSに見えてから10年が経過し、73歳だったおとうさんは83歳に、43歳だった息子さんも53歳になっていました。安定した親子の信頼関係がすでに築かれていたある日、息子さんがある会社に興味を持ち、採用試験を受けたのです。

腕の障害についても正直に話しましたし、履歴書には空白があったにもかかわらず採用されました。今では正社員として元気に毎日を過ごしていらっしゃいます。

10年間、ご両親も、ご本人もひたむきに取り組み、その結果、親も子どももみずからの人生と親との信頼関係を取り戻すことができたのです。親がたとえ70代、80代であっても、そして、わが子が40代、50代であっても、ひきこもりからの回復に遅すぎるということはありません。

親育ち・親子本能療法で心がける3つのこと

正論は絶対に言わない!

実際に、親育ち・親子本能療法を家庭でやってみると、わが子が今どのプロセスにいるのか、親は今何をすればいいのか――わからなくなることもあるかと思います。そんなときのために、ここからは、親育ち・親子本能療法の5つの全プロセスを通じて親に心がけていただきたいことをお伝えしていきます。

それは、ひきこもっている子どもに安心・安全の環境を提供しつづけることです。そして、この環境を根づかせるためには次の3点のことを守る必要があります。

①決して正論を言わないこと、②決して叱咤激励をしないこと、③無条件肯定に徹すること。

この3点は親育ち・親子本能療法のエッセンスとも言えるもので、全プロセスを支える礎のような事柄なのです。

まず、決して正論を言わない――。これはどういうことでしょうか。

「働かざる者、食うべからず、だぞ」「父さんも年金生活なんだから、もういい加減に自立しろよ」……。これらの正論を吐くことは、ひきこもっている子どもにわざわざ手かせ、足かせをつけているようなものです。わが子の心を深く傷つけて、ひきこもりからの回復を遅らせること以外の何ものでもありません。

「正論」を辞書で引くと、「正しい論」のあとに「正しい主張」とあります。もうこれ以上、正しいことがないわけで、言われる側は、反論のしようがなくて「うるせえな！」と怒鳴り返すか、黙るほかありません。

正論を言われれば、言われるほど、わが子は追いつめられて、逃げ場を失っていくでしょう。そのような親の正論がひきこもりを長期化させている要因の1つでもあるのです。

正論は百害あって一利なし。ひきこもりのわが子にはいっさい正論は言わない。親はそう心に決めることです。

叱咤激励はしない

叱咤激励はしないとは、どういうことでしょうか。「がんばれ！」という言葉に励まされ、発奮できるのは、心身共に健康な状態にある人です。ひきこもりの人たちは傷つき、心がボロボロの状態にありますので、「前向きに考えたらどうだ！」とか、「がんばれ！」といった威勢のいいひとことは、彼らにはムチで打たれるような痛みとしてしか感じられないでしょう。

「がんばれ！」なら、「激励」ですから、まだいいほうでしょう。第4章でも少し触れましたが、支援センターなどでは、「『おれもあと何年生きられるかわからないから、自立しろ、おれの息子ならできるはずだ』と怖い顔して大声で言いなさい」などと、叱咤するよう指導されることもままあります。

胸が裂ける思いでこれを実践した結果、息子さんが父親を徹底的に避けるようになり、

3年間も息子さんの顔を見られなくなってしまったこともありました。

叱咤激励も正論同様、わが子を追いつめ、逃げ場を失わせて、ひきこもりの状態を長引かせるだけ、こちらも百害あって一利なしと言えるでしょう。

無条件肯定とは

わが子がひきこもりから回復するには、安心・安全の環境を風土として根づかせることが最大の課題でした。そのためには、正論を言わないこと、叱咤激励をしないこと。そして、あと1つが、「無条件肯定」です。

「無条件肯定」とは正式には「無条件の肯定的関心」と言います。心理学の巨人、カール・ロジャーズが提唱した考え方です。いい子として肯定するのに、「○○であるあなたなら」という条件をつけるのが、条件つき肯定で、たとえば、「お手伝いをするあなたならいい」「働くことに前向きなあなたならいい」といった方法がこれにあたります。

これに対して、無条件肯定ではこれらの条件はいっさいつきません。「口をきかなくても、手伝いをしなくても、働かなくても、ひきこもっていても、あなたが生きていてくれるだけでいい」。このようにすべての条件を完全にはずして肯定していくのが無条件肯定です。

親が無条件の肯定でわが子の話を聴こうと心に決めていれば、たとえ家庭内緘黙《かんもく》（家庭内で押し黙っていること）の状態で話がいっさいできなくても、また、部屋からまったく出てこなくても、親の無条件肯定が生みだす安心・安全の雰囲気が、ひきこもっている部屋の扉を越えてわが子に伝わるものです。

無条件肯定は、「希望」「意思」「目的」「有能性」「アイデンティティ」の5つのプロセスのすべてにおいて、親が守っていくべき重要な要素となります。

では、わが子に対して具体的には、どのような形で無条件肯定を行うのでしょうか。

魔法の言葉「そう」を使うことを意識してください。

たとえ自分の価値観とは相いれないと思っても、「そう」「そうなのか」「そう思っているんだね」と一度必ず受け取り、わが子の話を共感的に受け入れて聴いていくのです。

わが子の価値観に同調したり、染まったりする必要はありません。聴くだけでいいのです。

このとき、大切なのは、「聞く」のではなく、「聴く」こと。門構えの「聞く」は門のまえで耳を傾けているだけですが、「聴く」は「十四の心」で耳を傾けることになります。

あなたも「十四の心」で聴くつもりになって、わが子の話に耳を傾けましょう。

何を言っても反論されたり怒られたりすることもなく、共感的に受け入れてもらえること自体が、安心・安全な環境そのものです。その安心・安全な環境のなかで、わが子の心に親への信頼感と、そして、自己肯定感が徐々に生まれていくでしょう。

安心・安全の環境を根づかせるには6カ月はかかる

安心・安全の環境を風土として根づかせるために親は、正論を吐かない、叱咤激励はしない、そして、魔法の言葉、「そう」とともに無条件肯定に徹することが欠かせません。

しかし、風土は一朝一夕に成るものではなく、親が右の3点を心がけたからと、わが子が親の変化を本物とみなして、安心・安全を実感できるようになるには、多くの場合、6カ月はかかると考えていいでしょう。

残念ながら、ほとんどの親が3カ月ほどで元に戻ってしまうのです。そして、また「お金を稼げて人間、一人前なんだ」「いい加減にアルバイトでも探しに行けよ」などという正論や叱咤激励が始まって、「そう」も無条件肯定も忘れ、わが子の話を聴きながら「その考え方、少しおかしいと思うよ」などと自分の考え方を披露しはじめるわけです。

そのようになってしまうのも、人間の脳には「安定化志向」という性質があり、この性質が、変わろうとする人間にブレーキをかけているためと言えるでしょう。そのため、人間はいったん変わろうと行動を始めても、脳のほうが元に戻ろうとしてしまうのです。これが3カ月に1回くらいで強く作用するとされていて、SCSの親御さんを見ていても、その多くはやはり3カ月に1回ほどで戻ってしまわれます。

ところが、そのいっぽうで脳には「可塑性《かそせい》」という性質もそなわっていて、ゆっくりなら変わっていける性質も有しているのです。

その意味でも、正論を言わない、叱咤激励しない、無条件肯定をする、の3つを徹底させながら、日々を過ごすことが大切になるのです。この3つを携帯電話の待ち受け画面にしたり、紙に書いて寝室の壁に貼っておくくらいの勢いで、1日に何回でも自分に言い聞かせましょう。そうすることで、はじめて脳の可塑性がその安定化志向に打ち勝つことができるはずです。

親の精神的な健康保持のために、家族会に参加する

親が主体になって取り組む親育ち・親子本能療法では、親の精神的な負担もそれだけ大きくなることもありますので、親自身も支援を受ける必要があるでしょう。子どもがひき

こもり状態にあると、親も誰にも相談できずに孤立していき、追いつめられて、「うつ」症状がでてしまうケースも少なくないように思います。

親が元気でなければ、わが子を救うこともままなりません。

そこで、ぜひとも「家族会」や「親の勉強会」に参加していただきたいのです。同じ境遇の人たちと話をすることで孤独が癒やされますし、同じ悩みを抱える人がいるということを、身をもって知るだけでも気持ちが軽くなり、安心感にもつながるでしょう。精神的な健康のためにも家族会への参加は欠かせないと思います。

しかも、家族会に参加すれば、貴重な情報が得られます。ひきこもっていた人間にも働きやすい会社とか、レベルの高いサービスを提供する民間の支援組織や、利用できる公的支援やその利用の仕方などについての質のよい情報が手に入りますし、また、先ほどの無条件肯定の練習なども手伝ってもらえます。

家族会のなかでももっとも歴史が古く、規模も大きいのが「特定非営利活動法人　KHJ全国ひきこもり家族会連合会」で、全国40都道府県に55の支部があります。ほかにも「市民の会エスポワール京都」など、いくつもの家族会があり、それぞれ方針を持っていますので、ぜひご自分の目で確かめ、納得された家族会を心の支えとしてくだされればと思います。

親の気力・体力・財力がまだあるうちに、そして、まだ動けるうちに一刻も早く家族会に参加していただきたいと思います。

安心・安全の環境を「風土」として根づかせるために

夫婦喧嘩をやめることから始める

家庭に安心・安全の環境を風土として根づかせるために、親はわが子に対して、正論を言わず、叱咤激励をせず、無条件肯定に徹することを守らなければならないわけですが、それだけでは十分ではありません。

親同士の関係、つまり、夫婦仲が良いことはとても重要な要素となります。夫婦がいつもいがみ合っているようでは、家全体が緊張や嫌悪といったネガティブな空気に支配されてしまいます。このような環境では、安心も、安全も感じられないことは言うまでもありません。まずは、わが子の回復のために、夫婦喧嘩を慎む努力が必要でしょう。

夫婦が喧嘩しているのを、ひきこもっているわが子は耳をそばだてて聞いています。親との会話が途絶えているぶん、親同士の会話に異様なほど耳をそばだてているのです。そして、夫婦喧嘩が始まると、自分のせいで親たちが喧嘩しているのだと思ってしまい、そうなると、本人はそれまで以上に親と顔を合わせたくなくなり、いっそうひきこもることになるでしょう。

夫婦仲を改善する、また、いい関係を保ち続けるために知っておきたいのが、「選択理論」です。選択理論はアメリカの精神科医ウィリアム・グラッサーが提唱した概念で、人間関係を壊すものとして7つの習慣をあげています。

では、その7つの習慣とは？　「門おせば悲報が」という呪文のような言葉に7つのすべてが入っています。

まず、①**「門」**は**「文句を言う」**。②**「お」**は**「脅す」**。③**「せ」**が**「責める」**。④**「ば」**が**「罰する」**。⑤**「悲」**が**「非難する」**。⑥**「報」**が**「褒美で釣る」**。最後の⑦**「が」「がみがみ言う」**となります。

この7つのうちの1つでもやると、夫婦関係も、親子関係も、人間関係一般も崩壊していくと、ウィリアム・グラッサーは指摘しているのです。それらをやめれば、夫婦関係が劇的に改善する可能性があります。一度、ぜひお試しください。

きょうだいとの関係性

同居しているきょうだいは、むずかしい存在かもしれません。多くの場合、ほかの者に対するよりも深い愛情を互いに抱いているのがきょうだいです。そして、先にも述べたように、愛情は怒りを生む大元になることがあるのです。

たとえば、兄は弟がひきこもっていると、そのきょうだい愛ゆえに激しい怒りを感じ、いら立ちを覚えることもあります。そのため、ひきこもっている弟に対するまなざしは、どうしても冷たくなりがちなのです。

ひきこもっている弟の部屋のドアを、毎朝、兄が怒りに任せて蹴飛ばしていくなどというケースも耳にします。やられたほうはたまったものではありません。安心・安全の環境どころの話ではなくなり、わが子の回復への道も閉ざされかねません。

ですから、親はもうひとりのわが子によく言ってきかせる必要があります。ドアを蹴飛ばしたり、ひどい言葉を投げかけたりといったことが、ひきこもっているきょうだいの回復を遅らせることを、筋道を立て、丁寧に説明してください。

そうすれば、働けているわが子は、ひきこもりのきょうだいの心を傷つけ、怯《おび》えさせるような言動を以後しなくなるでしょう。うまくいけば、彼らも安心・安全の環境を風土として根づかせるために協力してくれるようになるかもしれません。

隣近所や親戚の人たちとの接し方も悩むところでしょう。基本的には、わが子がひきこもっている事実を隠そうとしないで自然体でいて、堂々と構えていることです。

わざわざ親戚や隣近所に知らせる必要はもちろんありません。しかし、ひたすら隠そうとしていれば、そのことが家庭の雰囲気に影響をおよぼし、安心・安全な環境を脅かすことになります。

ひきこもっているわが子は敏感になっています。家庭内の雰囲気を感じとりますし、何かのおりに、親が自分のひきこもっていることを隠そうとしていることに気づくはずです。

そうなったとき、わが子は親にとって自分が恥ずかしい存在であることを思って屈辱感や罪悪感、孤立感を深め、ますますひきこもっていくでしょう。

しかし、わが子は言ってみれば、いい歳をして働きもしないで、ゲームやパソコンに熱中して昼夜逆転の生活をしているわけです。恥ずかしいと思うのもいたしかたないでしょう。恥ずかしいと思ってもかまいません。恥ずかしいと思っている自分をことさら責めないことです。

それでも、親育ち・親子本能療法に取り組んでいるうちに、親の価値観が変わり、自分にも責任の一端があることに気づくにつれ、恥ずかしい気持ちは薄らいでいき、そして、わが子がひきこもりからいずれ回復できるという希望の灯が見えたときに、恥ずかしさは消えることでしょう。そうなれば、ことさら隠そうという気も起こらなくなるはずです。

恥ずかしさを感じている初めの頃も、それが薄れてきた過程でも、そして、それが消えたあとも、親がつねに心に刻んでおかなければならないことがあります。

それは、いついかなる場合も、「わが子の絶対的な味方」でありつづけるということです。

毎月のお小遣いも安心・安全の風土づくりに欠かせない

わが子が心身共に安心と安全を感じるためには、経済上の安心・安全の環境を整えることも必要です。つまり、お小遣いをあげるということです。財力があるのなら、お小遣いをあげてください。

40歳、50歳にもなったわが子にお小遣いなんて……と抵抗があるのもわかりますが、お金がなければ電車にもバスにも乗れません。お金を渡さないということは、わが子に向かって「いつまでもひきこもっていなさい」と言い放っているのと同じことなのです。

お小遣いは年単位ではなく、月単位で渡すことがおすすめです。1カ月3万円なら3万円のなかでやりくりすることで、自分の行動に責任を持つことを学べますし、月に1回、お小遣いをもらうたびに、大事にされ、愛されているという愛情確認ができるのです。

また、お小遣いの使い道について、親はいっさい干渉しないことです。ゲームであれ、パチンコであれ、アニメグッズであれ、飲酒であれ、わが子がお小遣いを何にどう使おうと、文句を言ったり、口出しすることはしません。遊べるようにしていくことは、それ自体が人とつながる力になりうるのです。こちらが節約して捻出したお金で、わが子がパチンコをしているとしたら、腹が立つかもしれません。しかし、いったん渡したお金に制限をつけることは、わが子を支配欲求の対象にしていることにほかなりません。支配は不信です。わが子の自由にさせること、そして、わが子をありのまま受け入れ信用していくことでしか道は開けていかないものなのです。

家庭内暴力にどう対処すべき？

ひきこもりが引き起こす深刻な問題のひとつが、家庭内暴力でしょう。ひきこもりの3、4割に見られる家庭内暴力にはどのように対処したらよいのでしょうか。

まず、申しあげておきたいのは、親が正論と叱咤激励をやめると、家庭内暴力の多くはおさまるということです。

家庭内暴力は自分の愛情が愛する親に伝わっていないことの悲鳴といえます。

親が言う正論など、ひきこもっている当人は痛いほどわかっています。わかっていても、それができないから苦しくてならないのです。なぜその気持ちを愛する親はわかってくれないのか……。その怒りが爆発したときに、家庭内暴力が起きます。

ですから、親が正論や叱咤激励をやめれば、多くの場合、暴力はおさまるわけです。

ただ、ひきこもっている人の親に対する恨みが強かったり、絶望が深かったりする場合には、衝動的に暴力が出てしまうことがあります。そのときは、次のように言いましょう——。

「暴力だけはやめてくれ。当たりどころが悪いと、死んでしまう。そうしたら、大事なおまえを支えられなくなってしまう。それが一番悲しいんだ」

この様に言えば、たいていの場合、暴力はやみます。親にこれを言われて、はっとわれに返り、そして、自分の暴力で親を殺してしまう危険があること、そして、親が死んだら、自分には頼る人間がなくなることに気づくのです。だから、この言葉は効くのです。

この言葉でもやめさせられなかったら、警察を呼びます。

暴力は決して許さないという強い態度を示すためにも重要です。警察が帰ったら、ふたたび暴れだすかもしれません。そのときは、すかさず「また警察を呼ぶよ」と宣言するのです。ここまでやれば、暴力は基本的にやむはずです。

「わが子を警察に突きだすなんてことはできない」と言う方もいらっしゃいます。その気持ちはわからなくもありませんが、打ちどころが悪いと、本当に死んでしまうかもしれません。そうなったら、わが子を刑務所に入れることになります。

それに比べれば、警察に突き出すだけで済むほうがはるかにいいでしょう。

暴力は警察という社会の力を使ってでもやめさせるべきなのです、それが、たとえわが子による暴力であってもです。

中高年ひきこもりの方に向けて

ひきこもり当事者たちの集まりがある

親育ち・親子本能療法でこれまで数多くの方々が親御さんの支援のもと、アイデンティティを確立して、ひきこもりから回復してきました。しかし、中高年ひきこもりの方たちの場合には、親御さんにわが子を支えるだけの体力や気力、財力が残っていなかったり、あるいは、すでに親が他界しているケースも少なくありません。

そうなると、たったひとりでひきこもりから回復しなければならないわけで、先のことを考えると、不安で胸がいっぱいになることでしょう。そこで、ここからは、ひきこもっているご本人に向けて、ひきこもりからの脱出のためにできること、していただきたいことについてお話ししたいと思います。

まず、諦めないでいただきたいのです。とにかく外とつながって、現在の孤立した状況から抜けだすことが先決です。そのためには、先ほどお話しした家族会等を訪れていただければと思います。家族だけでなく、ひきこもっている当事者も温かく迎えてくれるでしょうし、有益な情報も得られます。

そして、最近注目しているのが、ひきこもりの当事者が運営する支援グループへの参加です。今、ひきこもりの当事者が次々に声を上げはじめています。「ひきこもりUX会議（ひきこもりUX女子会を主催）」「ひきこもりフューチャーセッション　庵―IORI―」「ひきこもりアノニマス」「NPO法人Node」といったグループはひきこもりの当事者が同じ悩みを抱えている人たちへ向けて居場所をつくったり、ミーティングの場を設けたり、雑誌を発行したり、イベントを開催したりといったさまざまな活動を展開しています。

これらの支援グループやその活動についてはスマホでも調べられますので、ぜひアクセスしてください。イベントなどに参加すれば、情報交換もできますし、価値観の共有が行われます。そのような時間を持つことがきっと、中高年ひきこもりの人たちを孤立した、孤独な日々から救い出す助けとなるはずです。また、ひきこもりの当事者や経験者の生の声を発信するメディア「ひきポス」や、ひきこもり関連のニュースや情報が満載の「ひきこもり新聞」などはネットで読むことができます。とても読み応えのある記事が掲載されていますので、一度、読んでいただければと思います。

ひきこもりの方々にとって、もっとも深刻な問題が「お金」かもしれません。ほとんどの方が無収入ですから、貯えが底をついたら、餓死することも考えられます。今、中高年ひきこもりの方が使える公的援助は、すでにお話ししたように基本的には生活保護と障害年金の2つだけです。

それらを受給できれば、生き延びられますし、また、生活を立て直すこともできます。そして、受給にこぎつけるためには、押さえておくべきポイントがあります。

生活保護は例の「水際作戦」もあって、捕捉率はわずか15％という異様な低さです。ひとりで市役所の窓口へ行っては、受給できる可能性は低くなると思われます。そこで、「味方」をつけて出向くのがポイントです。たとえば、民生委員や地元の議員、福祉医療のソーシャルワーカーなどについてきてもらいます。

全国社会福祉協議会（全社協）の人たちも助けてくれるかもしれません。２０１５年に生活困窮者への支援制度、生活困窮者自立支援法が施行されたおかげで、全社協の人が相談にのってくれやすくなりましたし、年齢ではじかれることもなくなりました。

さらに、民間の支援団体「全国生活と健康を守る会連合会」という全国組織があります。

ここの方たちも生活保護を受けようとするとき、結構力になってくれます。

障害年金をもらいたいときや、また、障害者手帳を取得したいときも、やはりひとりではなく、ソーシャルワーカーや精神保健福祉士などについてきてもらいましょう。そのほうが取得しやすくなります。精神保健福祉士は病院やハローワークの障害者雇用窓口などにいます。彼らになかなか会えない場合もあるでしょう。そのようなときには、先ほどの全社協や全国生活と健康を守る会連合会などを訪ねて、相談するとよいと思います。

1カ所に行ってダメでも諦めずに、前にあげたところを辛抱強くまわってみてください。かならず力になってくれる人が見つかるはずです。

障害者手帳をとることも1つの大きな意味を持ちます。障害者になるという精神的な葛藤の問題は十分に承知したうえで、大切なことなのでしっかりとお伝えしたいのです。障害者の雇用特別枠で求人募集に応募できるという大きなメリットがあるからです。

従業員数が一定以上の規模の事業主は、一定の割合で障害者を雇用する義務を負っています。障害者の雇用特別枠は一般求人に遜色ない、もしくはそれ以上の企業が名を連ね、公務員職もあります。雇用条件等は求人により異なりますが、個人的には非常に有用な手段であると考えます。その雇用枠に応募するために必要になるのが、障害者手帳なのです。

ひきこもりの人で取得可能なのは、主に障害者手帳のうちの「精神障害者保健福祉手帳」で、医師によって発達障害や精神障害といった診断が下された場合に、取得が可能になります。また、身体障害者や知的障害の方も取得できます。

注意欠如多動症や自閉スペクトラム症といった発達障害、および、統合失調症、うつ病、躁うつ病などの気分障害は、それぞれひきこもりの3分の1を占めるとされていますので、ひきこもりの方が精神障害者保健福祉手帳を取得できる可能性は決して低くはないでしょう。

あるひきこもりの男性は40歳ではじめて発達障害と診断されて、悩んだすえに結局、障害者手帳を取得しました。障害者雇用枠で仕事を得た彼は今、スーツを着て、イキイキと仕事に励んでいます。


障害者手帳の取得のためには、同じ病院を連続して6カ月間、受診したうえで診断名が確定されないと、取得できません。ひきこもりの方にとって6カ月間も病院に通うのは肉体的にも精神的にも、また、金銭的にもかなりの負担になるかもしれません。

それでも、6カ月間、がんばって病院通いさえすれば、障害者手帳が取得できて、障害者枠で企業に正社員として就職できる可能性も出てくるのです。貯えがまだあるうちに選択肢を担保する意味からも、少しでも早く病院で診察を受けていただけたらと思います。

医師選びも大切です。発達障害に詳しい医師や、ひきこもりに対して理解のある医師などにあたらないと、障害者手帳を取れるものも取れない可能性があります。

あくまで私個人の知見ですが、思春期外来（不登校や家庭内暴力など）に対応していたり、家族のみの相談にのってくれる精神科医を主軸に選ばれるとよいと思います。それでも見つからない場合は、家族会をはじめ保健所や、先にご紹介した支援グループなどでリアルな情報が、得られるはずです。

40代、50代でも遅すぎることはない！

ひきこもりから脱出した方が目指すのは、仕事を得て、経済的に自立することでしょう。しかし、雇用状況はすでにお話ししたとおり厳しくて、とくに中高年ともなると、低賃金の非正規かブラック企業しかほとんどないのが現状です。

しかし、ここでも諦めないでください。最近、履歴書に空白期間のある人、つまり、ひきこもっていた人に理解のある会社が少しずつですが、増えてきています。それらの会社では、ひきこもり経験者を積極的に採用したり、アルバイトから契約社員、さらには正社員へと道筋がついていたり、自尊心を保てるだけの額の給料が払われていたりします。丹念に探せば、そういった会社をきっと見つけることもできるでしょう。

たとえば東京・町田市にある警備会社「エリア警備」では15年間もひきこもっていた人や、40代、50代のひきこもり経験者なども楽しそうに働いています。日給は約８０００円とさほど高くはありませんが、上下の関係もないし、ひきこもりの社員を特別視することもありません。「人間関係の風土」がよいためでしょう、仕事が終わってもみんな、おしゃべりに興じたりして、なかなか帰ろうとしないそうです。

自分に貯えがあるか、または、親にまとまったお金を出してもらえるのなら、資格をとるために学校へ行くのも方法でしょう。40歳をすぎていても、決して遅すぎることはありません。

私どもＳＣＳカウンセリング研究所にも、ひきこもりだった男性が40代で社会福祉士の学校へ行き、今はソーシャルワーカーとしてはつらつと働いている人間がいます。

また、こんなこともありました。東京都主催のひきこもりのイベント会場でのこと、東京都若者社会参加応援事業登録団体が20ブース以上軒を連ねました。偶然、我々の隣に57歳~58歳くらいの年配のスタッフの方がいらっしゃいました。こういう言い方をすると大変失礼なのですが、若い人の多い会場で、その方だけがひときわ「オジサマ」なのです。興味を惹かれ、話しかけてみました。

その方は臨床心理士になったばかり。会社勤めをしていたけれど、やりたくないことはもうやらない、と50代半ばで退社して大学院に入り、臨床心理士になったそうです。心理士としての仕事はハローワークの窓口で見つけたといいます。

就職氷河期に大学を卒業してひきこもってしまった人も多くいます。なかには国立大学を出た秀才もいらっしゃいます。もし経済的に少し余裕があるのなら、社会貢献を主眼とした職業として臨床心理士や公認心理師、社会福祉士や精神保健福祉士などの資格職を選択肢の1つとして考えてもよいかもしれません。

AIが人間の仕事を次々に奪っていっても、人の心を扱う仕事だけはAIにとってかわられることはないともいわれます。ひきこもりをはじめとした心の苦しみや葛藤の経験がプラスとなり、仕事に生かすことができる可能性はあると思います。

また、なにも高いお金を払って学校に通わなくても、インターネット上の講座やソフトなどでIT関連のスキルを、あまりお金をかけずに身につけることも可能な時代になりました。そのスキルを使えば、在宅勤務で働くこともできるかもしれません。

その気になれば、さまざまな情報を入手できます。そのなかにはあなたに適した仕事も見つかり、道が拓けることもあると思います。この意味からも、決して諦めないでいただきたいと思います。

40歳でも50歳でも間に合うと思います。私がいつも心に置いている言葉は「Ｎｅｖｅｒ ｔｏｏ ｌａｔｅ！（遅すぎるということはない）」です。実は、私にも、30歳前に親友との死別に打ちのめされ、ひきこもったという経験があります。ひきこもっている時期は、正直を申し上げれば、「道はいつか拓ける。遅すぎることはない」と思えないこともありました。それでも母親をはじめとする方々の支えで今日を生きている今の私は、皆さんに「遅すぎることはない」とお伝えしたいのです。今はとてもそう思えなくても、親の取り組みや社会福祉などのさまざまな助けを借りてひきこもりから回復されたら、親御さん、お読みくださっている方、そして、ひきこもりの状態にある方、みなさんがこの言葉を思い出しながら、人生を歩んでいただきたいと思います。そして、ひきこもりの方たちは生真面目で、つい無理をしがちです。決してがんばりすぎないこと。このことも、Ｎｅｖｅｒ　ｔｏｏ　ｌａｔｅ！　の言葉とともに胸に刻んでおいていただければと思います。

展望

原稿を作成している2019年10月30日時点で、政府は就職氷河期世代に対して3年間で30万人の正規雇用対策を打ち出し、東京都は「東京都ひきこもりに係る支援協議会」に都内の家族会や当事者会をメンバーに加えることを発表するなど、ひきこもり対策に新たな熱意が感じられるように思えます。また、私の実感としても、ひきこもりを地域包括支援の対象として「地域で」支援していこうとする動きも感じられております。

このような背景には、内閣府が中高年ひきこもりが61万人で、これまで対象とされていた39歳までのひきこもりの54万人と合わせると、115万人にものぼり、単純に見積もって100人に1人がひきこもり状態にあることが発表されたことがあると考えられます。さらに、登戸通り魔事件と、元農林水産省事務次官による息子殺害といった衝撃的な事件が続いたことも影響していると思えます。

データ上で考えれば、就職氷河期世代に対する3年間で30万人の正規雇用対策は、中高年ひきこもりの4割には有用だろうと思いますし、条件が揃えばさらに有用性を高められるだろうと推察します。しかし、問題は、この対策の柱となるのが、企業への補助であり、能力開発支援である点です。

就職氷河期世代を雇用した企業に支給する助成金の要件を緩和するほか、仕事や子育てを続けながら短時間で資格を取得できるプログラムをつくり、国が費用を助成するなど、これらは相変わらず「就労支援モデル」ですし、一部では、現在、人が集まりにくい介護、土木や建設、物流といった業種で推進されているという話も聞きます。そんな推進の前に、なぜ人手不足になる業種なのかを解明すべきでしょう。

ひきこもりの方々は社会に疲れ、見放され、助けを求めても裏切られてきました。そのような社会に彼らが戻ろうとするきっかけになる雇用対策や業種だとは思えないのです。個人的な知見ではありますが、雇用対策を民間任せにしないで、行政がみずから、もっと具体的な希望の持てる対策を行う必要があると思います。

たとえば、2019年8月、兵庫県宝塚市は正規職員採用を行いました。その際、一部の事務職の応募条件を1974年4月2日から1984年4月1日までに生まれた、いわゆる就職氷河期世代の、高卒以上の人たちを募集したのです。すると、募集人数の3名に対して、全国から1816人もの応募があったといいます。中川智子市長は記者会見で、

「今も不安定な生活をする就職氷河期世代への支援が必要だと改めて実感した」と説明し、さらに「ただ、宝塚の取り組みだけでは足りません。同じ取り組みが国や他の自治体にも広がってほしいですね」と、就職氷河期世代の雇用支援を訴えていました。

このような公務員になるチャンスや、保育士、介護士の公務員化を推進するなど、現場の良心に頼らず安心して働けるという「希望」が今回の雇用対策には必要だと思います。

就職氷河期世代に対して3年間で30万人の正規雇用対策は骨太の対策と呼ばれていますが、〝でくの坊の対策〟として終わらないことを祈るばかりです。それというのも、ひきこもり支援においては「ひきこもりの評価・支援に関するガイドライン」に沿った「就労支援モデル」を約10年間推進してきましたが、実を結んでいるとはとても思えません。その結果が、今回のひきこもり115万人という数字として表れているのではないでしょうか。

さらに、ひきこもりを「自分の事」として考えられる人はいまだに少なくて、100人に1人ひきこもっていたとしても、他の99人からすれば他人事なのかもしれません。

ワーキングプアをはじめ、厳しいなかを生き残ってきた人々や、また、勝ち組として生活している人々からは、ひきこもり支援や対策は理解を得られない可能性がありますし、歯を食いしばって生活を営んできた方々にそのような気持ちがあることは想像にかたくありません。

だからこそ、私はひきこもりを「孤独と死の問題」として扱うことを提案したいのです。「孤独と死」は誰にでも起こりえますし、誰もが直面する可能性の極めて高い事象ですので、多くの人々に「自分の事」として考えてもらえる可能性も高いのではないでしょうか。

これまでのひきこもり支援を継続して実施しつつ、新たに「孤独と死」の問題としても扱っていくというものです。そうすれば、「孤独」を「自分の事」としてとらえる人も増え、ひきこもりに対する偏見や差別も和らいでいくように思えます。

実際、イギリスでは孤独対策として昨年度、「孤独問題担当国務大臣（Minister for Loneliness）」が設置されました。イギリスでは成人の5人に1人、実に約900万人が孤独を感じていて、65歳以上の5人に2人がテレビとペットが一番の友人と答えているといいます。孤独はタバコを1日15本吸うのと同程度の健康への悪影響があり、放置すれば個人の健康だけではなく、国の経済や国力の弱体化にもつながりかねません。実際、孤独が同国経済に与える影響は年間約4・7兆円ともいわれ、孤独担当大臣を据えたことは、「孤独が問題」であると、同国が深刻にとらえていることの証と考えられるでしょう。一方、日本には孤独を美学としてとらえてきた歴史があり、そして、今や日本人は名実共に「世界一孤独な国民」になってしまいました。孤独のリスクがここまで言われている現在、早急かつ、抜本的な改革が必要に思えます。

有識者のなかにはひきこもり対策はすでに手遅れであると述べている方もいますが、それは今までのような、遅々として進まない「牛歩改革」を前提にしているように思えます。

私は日本にも「孤独担当大臣」をただちに設立して、迅速な取り組みを開始する必要があると考えています。少子化やワーキングプア、そして、ひきこもりといった問題はチマチマとやっても功をなしませんし、それこそ「孤独と死」については、待ったなしの状況であるのは明らかなのですから、思い切った改革をするべきだと思うのです。大臣を立てて孤独対策を行えば、縦割り行政の社会に改革を起こしやすく、国民の関心も一気に高められて、ひきこもりを「自分の事」として考える風土をつくりやすくなるでしょう。

さらに、行政が窓口となって予算を割き、孤独対策チームを地方自治体以下、各市町村に配置して、無料で利用できる居場所の設置を基本として、就労の「5歩手前」の精神面のフォローから開始するのです。「心の居場所」としての機能を持たせるために臨床心理士を常勤で置いて、深刻な孤独や、「生産性のない」状態につらい思いをしている人たちの苦しみの解消を目標に、人とつながる心を支えるのです。

男性は女性と異なり、会話をするときに目的やネタ、共有する概念が必要となると言われていて、この点を考慮すると、「目的」と「場」を明確にした居場所が必要でしょう。

この点に関しては、先進的な取り組みのひとつ、「Men's Shed（男の小屋）」の形態を採用するとよいでしょう。この「Men's Shed」はイギリスでは400カ所以上あり、月に6カ所のペースで増えていて、イギリス国内で現在、1万人以上の会員を有するといいます。実際にその様子を目にしたコミュニケーション・ストラテジストの岡本純子氏によると、スペースは60平方メートルほどで、木材や電動工具などDIYに必要な工具がひとおりそろえられ、そのなかで40〜80代のまでの8人の男性が作業をしていたと言います。そのときの様子を記した記事を次に引用します。

……それぞれが自分の作りたいものを作っている。「このネジはどうしたらいい?」「そこはこう削ったらどうか」。時に共同で作業をしながら、和やかな雰囲気の中で自然と会話が生まれていく。（中略）女性はコーヒー一杯で延々とおしゃべりを続けられるが、男性はスポーツや趣味、仕事といった共通の作業、目的がないとなかなかコミュニケーションがはかどらない。であれば、男性たちが集まる「目的」と「場」を作ろう、と「男性の孤独対策」のために、2007年にオーストラリアで生まれ、イギリスでも爆発的に広がっているのが、このMen's Shedだ。（中略）この活動を「孤独な人たちのための活動」などと標榜することは絶対にない。コミュニティセンターの掲示板などで告知をする時も、あくまでも、「モノづくりに興味のある人たちが自主的に集まる場」という体裁にしている。「孤独」という言葉にアレルギー反応を起こしてしまう男性も多いからだ。

この「Men's Shed」は日本のひきこもり（孤独）対策においても有用な取り組みになると思えます。実際、目覚ましい躍進を見せているひきこもりUX会議の「ひきこもりUX女子会」は回を追うごとに参加者の人数が増加し、この取り組みは地方にも裾野を広げています。人とつながり、孤独が解消されるだけでも大きな意味を持つと思います。

一方で、男子会の話や、男女混合の定期的な集まりの躍進が定着化してこないのは、男性ならではの「場」と「目的」というニーズを満たしていないためかもしれません。とくに「目的」に関しては、スポーツやアニメ、音楽といった、幅広く共有できる媒体ニーズが必要になってくると思います。これらのことを考えたとき、孤独対策の先進国であるイギリスから学ぶことの意味と意義は非常に大きいように思われます。また、ひきこもりの研究で著名な斎藤環教授はフィンランド発の画期的療法である「オープンダイアローグ」を提案していらっしゃいます。この療法も今後、大きな力を発揮していくものと思われ、実際、オープンダイアローグの講座を受講してみた私自身、大きな可能性を感じました。そして、ひきこもる当事者が、人と対話するというマクロ社会で自分の存在を感じられること自体、心理学的に考えても非常に大きな意味を持つと考えられます。

ひきこもりの問題は、心理学的には「アイデンティティ」の獲得が大きなテーマであると確信している私としても、自分の存在と発言が、数名の対話のなかで扱われるオープンダイアローグは、自分の存在を実感できるまたとない機会となり、自身を社会的に位置づける一歩にもなると考えます。現状は、地域方包括支援の中において訪問看護を担う保健師や看護師に担っていただくしかないのですが、理想的なのは臨床心理士や公認心理師を中心とした対策チームが市町村に配置されることだと思います。

この積み重ねによって、社会との接点を持つ自分を自覚し、孤独が解消されていくことが推察され、セルフネグレクトをはじめとする、孤独が招く様々な問題が緩やかに、そして確実に解消されていくものと推察しています。その意味で伴走型の支援、生きる支援の充実化が急務であると思います。

一方で、私自身が行政や他団体のひきこもり講演やセミナーを聞いていて思うのが、当事者たちが共通して、親の無理解を訴えているにもかかわらず、「親子の理解」を促すことを、心理学的な裏づけをもってしっかりと着手していこうという話をほとんど聞かないということです。仮にそのような取り組みがあったとしても、「親の話の聴き方」に終始しており、その先のビジョンがないように思えます。居場所や雇用対策という外的な要素のほかに、内的な、心の核心を支える親子関係に着手し、人間の基底と呼ばれる「親子信頼の回復」をテーマにした支援の視座を持つことの有用性を今一度、提言したいと思います。

人間は信頼してくれる人がいるから他人を信じられるのであり、その信頼を最良、かつ最大の力として与えられるのは親（もしくはその養育の代理者）であることは、心理学ですでに明らかにされています。問題の始まりがどこにあろうと、ひきこもって孤独な状態にある人の心のなかに、親との葛藤があるのなら、親がわが子の話の聴き方を学び、その葛藤を解消することは心理学的に可能ですし、このことはひきこもりの方たちの心に大きな意味と財産を残すことになるでしょう。

われわれ一般社団法人ＳＣＳカウンセリング研究所は、この「親子信頼」の点に21年間(前身団体を含めると31年間)取り組んできました。手前味噌のようで恐縮ですが、私ども親子2代の取り組みの集大成となった近著『親から始まるひきこもり回復　心理学が導く奇跡を起こす5つのプロセス』は、多方面より「初めてひきこもる我が子の立場となり、心理学的に書かれた本」「ひきこもりから回復までのプロセスを具体的に明記された初めての本」と賛辞をいただき、「この本のなかに、私と息子がいました」と涙ながらに感想を伝えに来てくださった親御さんもいらっしゃいました。

今から15年ほどまえに、「ひきこもりは時代のカナリア」だと告げた方がいました。ここでいうカナリアは「炭鉱のカナリア」を意味し、なんらかの危険が迫っていることを知らせてくれる前兆を示しています。炭坑内で有毒ガスが発生したとき、人間よりも敏感に反応するカナリアがその危険を察知して、さえずりを止めます。これによって、人間は命の危険を察知することができるわけです。つまり、息苦しくなる一方の日本社会に対して、「社会参加というさえずり」をやめたのが、ひきこもり(カナリア)であるというのです。

これまでも、ひきこもりは社会問題であると言われつづけてきましたが、今日までその社会風土は何も変わっていないことは言うまでもありません。さえずりをやめた人たちが伝えているのは、ひきこもりが問題ではなく、孤独と死を含め日本が抱えるさまざまな社会問題や歪みに対する答えが「115万人のひきこもり」であることなのではないでしょうか。その意味では「ひきこもる」ということは人間として正しい反応だと私は思います。

ひきこもりを社会問題として漠然として考える時代は終わり、各個人がひきこもりを自分にも訪れる「孤独と死の問題」として、「自分の事」として考える時代に入ってきたのだと思います。つまり、一人ひとりがもう一度、政治や行政の取り組みと向き合う必要があることを、そして、私たち全員が家族のあり方、親子のあり方を問うべきタームに入ったことを、意味するのだと思います。

ひきこもりはこれからを生きる子どもたちの未来に引き継がせていい問題ではありません。われわれ大人が子どもたちに残すべきは、「生きていたい社会」です。人間の価値を生産性で測らない、誰もが生きていたいと思える社会、どんな子どもたちでも夢を語れる社会に戻すべく、読者のみなさまの理解と行動が求められるときが来たのだと思います。

私はひとりの臨床心理士として目のまえのクライアントに向き合いながら学び、ひきこもり問題の解決に希望を持って、さまざまな形で取り組んでいきたいと思います。

おわりに

「中高年のひきこもり」について執筆依頼を頂戴したとき、非常に迷いました。これまで、ひきこもりの研究と臨床を合わせて11年取り組んできましたが、今回初めて発表された61万人の中高年のひきこもりの内閣府データ（生活状況に関する調査　平成30年度）は私にとってもインパクトがあったのです。

というのも、私が副代表を務める一般社団法人ＳＣＳカウンセリング研究所で出会うひきこもり青年の平均年齢は30代半ばであることが多く、15歳～39歳のひきこもり54万人を超えてくるとは想像していなかったのです。そのため、私が40歳～64歳の中高年のひきこもりについて執筆したところで、しっかりとした内容を担保するものに仕上げられるか不安があったのが正直なところです。初の「中高年のひきこもり」の内閣府データですので、当然ながら先行研究がないのです。よって、今回の執筆はあくまで内閣府のデータを1つの答えとし、その背景にある様々な問題にエビデンスを持って方程式をあとからつくるような作業となりました。つまり、ひきこもり１１５万人を問題ではなく「答え」として考えてみたのです。調査を開始すると、これまで把握していたひきこもり個人とコミュニティ、支援研究を超えた次元のさまざまな問題をはらんでいることが見えてきました。

ちょうど、執筆が２０１９年参議院議員選挙のタイミングと重なり、子どもの7人に1人が貧困、単身女性の3人に1人が貧困、57・7％の国民が「生活が苦しい」と感じている、生活保護の削減、10代の自殺率だけが高くなっている、不登校児童が増え続けている、消費増税によるさらなる不況化への懸念等、諸問題についてのデータを見たときに愕然とする思いを覚え、これらはすべてひきこもりに関係していると直感したのです。そして、中高年のひきこもりは「孤独と死の問題」であると確信するとともに、20年間のデフレを招いた時の与党の経済政策や雇用政策の失敗により、社会から弾き出されたのが中高年のひきこもりそのものであると結論するに至ったのです。

ひきこもりは社会問題と言われて久しいですが、そのような曖昧模糊としたテーマにしておくのではなく、誰にでも訪れる「孤独と死の問題」として、この国に生きる人々全員が「自分の事」として考えるタームに入ったと思います。この問題の解決を考えるとき、政治や経済政策を避けては通れません。しかし、今回の参議院議員選挙の投票率は48・8％と24年ぶりに5割を下回りました。このことは、日本の国民が政治そのものを傍観していることを意味します。傍観していることはすなわち、先に挙げた深刻な諸問題と「孤独と死の問題」の悪化に意図せず加担することにもなりうるのです。

黒人解放運動に従事したエルドリッジ・クリーバーの金言に「もし、あなたが問題を解決しようとしていないなら、あなたは問題の一部である」というものがあります。この言葉を心で反芻してみて、どうお感じになるでしょうか。

私は1人の父親として子どもたちによりよい未来を残すべく責任を持ち、そして1人の臨床心理士としてひきこもりに関わる諸問題の解決に向けてこれからも取り組んで参る所存です。みなさまにおかれましても、今一度、親子の信頼関係の大切さとひきこもりの問題への解決に関心をお寄せいただければと思います。

そして、中高年ひきこもりの方々が抱える諸問題への理解を深めていただき、ご家族やご友人、周囲の方々に「誰でも中高年ひきこもりになる可能性がある」こと、そしてそれは「孤独と死の問題」であることをお伝えいただければと思います。みなさまにおかれましても、そのお一人おひとりのお力が集まれば社会をよりよくすることは可能であると思います。どうか問題の解決に向けて政治に関心を持ち、選挙に行く大切さを周囲の人にお伝えいただき、「誰もが生きていたい世の中」へとしていくべく、その一助を重ねていただければ幸甚に存じます。最後になりましたが、当書籍をお読みいただけたことに心から感謝申しあげます。ありがとうございました。

当書籍を出版するにあたり、ご担当いただきました株式会社プライム涌光の宮島菜都美様に心より感謝申しあげます。また、構成でご参加くださった横田緑様、今回の執筆にあたり事例を快くご提供くださった親御さんに心より感謝申しあげます。

また、先行研究がない中高年ひきこもり61万人の問題においては、これまでひきこもりに関わったジャーナリストの方々の記事が非常に参考になりました。そして今回の執筆活動を支えてくれたSCSカウンセリング研究所のスタッフの皆、家族にも、心より感謝の言葉を申しあげます。ありがとうございました。

●引用文献

秋田県藤里町（2007）「『ひきこもり』と想定される方々の実数把握調査」／A・H・マズロー（1987）『人間性の心理学』産業能率大学出版部／朝日新聞（2019年7月31日）「最低賃金1500円なら『人生に希望』引き上げの先に」朝日新聞DIGITAL朝日新聞社 https://www.asahi.com/articles/ASM7R6CRTM7RUPQJ00L.html（2019年11月現在）／朝日新聞（2019年8月1日）「#ひきこもりのリアル　ひきこもり韓国も悩む　課題先取りする日本の支援の手」朝日新聞社／カール・ロジャーズ（1984）『人間尊重の心理学―我が人生と思想を語る―』株式会社創元社／Digital Chosun Inc. Hwang Ji-yoon (2019)「Disaffected Young Koreans Turn into Recluses」2018年11月10日 THE CHOSUNILBO http://english.chosun.com/site/data/html_dir/2018/11/10/2018111000385.html（2019年11月現在）／E・H・エリクソン（1973）『自我同一性　アイデンティティとライフ・サイクル』誠信書房／玄田有史（2013）「孤立無業者（SNEP）の現状と課題」文部科学省・日本学術振興会委託事業／ひきこもりUX会議（2018）『シリーズ ひきこもり女性たちのUXユニークエクスペリエンス～実態調査から見えてきたこと～』一般社団法人ひきこもりUX会議／北海道新聞（2018年3月5日）「母と娘、孤立の末に札幌のアパートに2遺体　82歳と引きこもりの52歳『8050問題』支援急務」北海道新聞社／法務省（2018）「平成30年版 犯罪白書」／池上正樹（2016）『ひきこもる女性たち』ベストセラーズ／一般社団法人日本少額短期保険協会孤独死対策委員（2019）「孤独死現状レポート」／河合隼雄（1991）『中空構造日本の深層』中央公論新社／岸恵美子（編）（2018）『セルフ・ネグレクトの人への支援：ゴミ屋敷・サービス拒否・孤立事例への対応と予防』中央法規／国立社会保障・人口問題研究所（2011）「阿部彩氏による国民生活基礎調査を基に行った相対的貧困率」／国立社会保障・人口問題研究所（2018）「日本の世帯数の将来推計（全国推計）」（平成30年推計）／近藤直司、宮沢久江ら（２００９）「思春期ひきこもりにおける精神医学的障害の実態把握に関する研究 厚生労働科学研究（こころの健康科学研究事業）」思春期のひきこもりをもたらす精神科疾患の実態把握と精神医学的治療・援助システムの構築に関する研究（主任研究者：齊藤万比古）平成20年度研究報告書／厚生労働省（２００７）「ひきこもりの評価・支援のガイドライン」／厚生労働省（２００７）「人口動態統計」厚生労働省（２０１５）「２０１５年度全国厚生労働関係部局長会議資料」社会援護局詳細資料／厚生労働省（２０１６）「平成28年 国民生活基礎調査」／厚生労働省（２０１６）「平成28年 国民基礎調査／貧困率の状況」／草野智洋（２０１０）「民間ひきこもり援助機関の利用による社会的ひきこもり状態からの回復プロセス」『カウンセリング研究』Vol.43／京都新聞（２０１９年4月21日）「民家で2遺体発見、50代男性と80代母か 死後3日～1週間」京都新聞社 https://www.kyoto-np.co.jp/articles/-/6805（２０１９年11月現在）／Legatum Institute Foundation (2018) THE LEGATUM PROSPERITY INDEX™ 2018 https://www.prosperity.com/globe/japan（２０１９年 11月 現在）／舞田敏彦（２０１０～14）「第6回・世界価値観調査」各国共同研究／桝田智彦（２０１３）「ひきこもりにおける不合理な信念とひきこもりビリーフの検討」目白大学大学院心理学研究科心理学専攻修士論文／町田市保健所（２０１２）「若年者の自立に関する調査報告」２０１２年度／文部科学省初等中等教育局特別支援教育課（２０１２）「通常の学級に在籍する発達障害の可能性のある特別な教育的支援を必要とする児童生徒に関する調査結果について」／長野県健康福祉部・県民文化部（２０１９）「ひきこもり等に関する調査」／内閣府子ども若者・子育て施策総合推進室（２０１１）「ひきこもり支援者読本」／内閣府（２０１６）「若者の生活に関する調査報告書」平成28年9月 内閣府政策統括官／内閣府（２０１８）「生活状況に関する調査」平成30年度／内閣府（２０１９）「令和元年版 少子化社会対策白書」／ＮＨＫ（２０１９）

「NewsUp 母が死んだ 言えなかった1か月」NHKNEWSWEB https://www3.nhk.or.jp/news/html/20190705/k10011982311000.html（２０１９年11月現在）／日本経済新聞社（２０１９年５月13日）「終身雇用、『企業にインセンティブ必要』自工会会長」株式会社日本経済新聞社／岡本 純子（２０１８）『世界一孤独な日本のオジサン』角川新書／Oxford Dictionaries（２０１３）Oxford English Dictionary,Oxford University Press／産経WEST（２０１９年２月27日）「93歳父親の遺体を自宅に放置、容疑で息子を逮捕」THE SANKEI NEWS 産経新聞社 https://www.sankei.com/（２０１９年11月現在）／生活保護問題対策全国会議（２０１１）『生活保護「改革」ここが焦点だ！』あけび書房／SMBCコンシューマーファイナンス株式会社（２０１９）「30代・40代の金銭感覚についての意識調査２０１９」ＳＭＢＣコンシューマーファイナンス http://www.smbc-cf.com/news/news_20190306_944.html（２０１９年11月現在）／総務局（２０１５）「平成27年国勢調査就業状態等基本集計結果」／総務省統計局（２０１５）「平成27年国勢調査」総務省／総務省統計局（２０１８）「労働力調査」総務省／週刊東洋経済（２０１８）「『孤独』という病」『週刊東洋経済』第６８２８号 p32 東洋経済新報社／特定非営利法人ＫＨＪ全国ひきこもり家族会連合会（２０１９）『ＫＨＪジャーナル たびだち 91号 ―Starting Over 自由な心で生きる―』特定非営利法人ＫＨＪ全国ひきこもり家族会連合会／東京新聞（２０１９年６月６日）「こちら特報部」朝刊 中日新聞東京本社／東京都福祉保健局（２０１７）「年次推移」／東京都福祉保健局生活福祉部生活支援課（２０１８）「住居喪失不安定就労者等の実態に関する調査」／東京都監察医務院（２０１７）「東京都監察医務院：東京都監察医務院で取り扱った自宅住居で亡くなった単身世帯者の統計」東京都福祉保健局／渡辺奈都子（２０１２）『人間関係をしなやかにする たったひとつのルール はじめての選択理論』ディスカヴァー・トゥエンティワン

●参考文献

E・H・エリクソン、J・M・エリクソン（2011）『ライフサイクル、その完結』みすず書房／玄田有史（2005）『仕事のなかの曖昧な不安―揺れる若年の現在』中央公論新社／ひきこもりUX会議（2017）『シリーズ　わたしたちの生存戦略　ひきこもり女子会』一般社団法人ひきこもりUX会議／ひきポス（2018）「なぜ、ひきこもったのか　ひきこもり当事者が語る〝原因〟」『01 ひきポス』／ひきポス（2018）「こうして人とつながった　経験者が語る〝人と繋がる方法〟」『02 ひきポス』／ひきポス（2018）「ひきこもりと恋愛・結婚」『03 ひきポス』／ひきポス（2018）「ひきこもりと『働く』就労はゴールか」『04 ひきポス』／ひきポス（2018）「ひきこもりと幸福」『05 ひきポス』／ひきポス（2019）「ひきこもりと父」『06 ひきポス』／平木典子、土沼雅子、沢崎達夫（2002）『カウンセラーのためのアサーション』金子書房／ひろゆき（西村博之）（2019）『このままだと、日本に未来はないよね。』洋泉社／本田由紀（2011）『軋む社会―教育・仕事・若者の現在』河出書房新社／星野仁彦（2010）『発達障害に気づかない大人たち』祥伝社／飯島 裕子（2016）『ルポ 貧困女子』岩波書店／池田佳世（1998）『「困った子」ほど素晴らしい』ハート出版／池田佳世（2007）『新「困った子」ほど素晴らしいベテラン・ママさんカウンセラーとっておきの＋50の知恵』ハート出版／池上正樹（2010）『ドキュメントひきこもり「長期化」と「高年齢化」の実態』宝島社／池上正樹（2014）『大人のひきこもり　本当は「外に出る理由」を探している人たち』講談社／池上正樹（2018）『ルポ　ひきこもり未満　レールから外れた人たち』集英社／ジョン・T・カシオポ（2018）『孤独の科学』河出文庫／菅野久美子（2019）『超孤独死社会　特殊清掃の現場をたどる』毎日新聞出版／加藤周一、ロナルド・ドーア（2004）『日本を問い続けて―加藤周一、ロナルド・ドーアの世界』岩波書店／勝浦クック範子（1991）『日本の子育て・アメリカの子育て―子育ての原点をもとめて』サイエンス社／桝田宏子（2013）『不登校、ひきこもり、混乱、錯乱。いろいろ治療して、長びいたり、何度もぶり返したなら「親育ち・親子本能療法」を。たとえ病名がついても！』／森　真一（2005）『日本はなぜ諍いの多い国になったのか―「マナー神経症」の時代』中央公論新社／牟田武生（2003）『ひきこもり／不登校の処方箋―心のカギを開くヒント』オクムラ書店／中井　久夫（1995）『家族の深淵』みすず書房／NHK「女性の貧困」取材班（2014）『女性たちの貧困〝新たな連鎖〟の衝撃』幻冬舎／ニーチェ（1964）『道徳の系譜』岩波書店／斎藤　環、畠中雅子（2012）『ひきこもりのライフプラン――「親亡き後」をどうするか』岩波書店／斎藤環、村上靖彦ら（2016）『現代思想　2016年9月号「特集＝精神医療の新時代―オープンダイアローグ・ACT・当事者研究」』青土社／斎藤環（2015）『オープンダイアローグとは何か』医学書院／斎藤環（2016）『ひきこもり文化論』筑摩書房／関水徹平（2016）『「ひきこもり」経験の社会学』左右社／芹沢俊介（2007）『引きこもり狩り―アイ・メンタルスクール寮生死亡事件／長田塾裁判』雲母書房／消費増税反対botちゃん（2019）『マンガでわかる　こんなに危ない!? 消費増税』ビジネス社／高橋祥友（2000）『中高年の自殺を防ぐ本』法研／東畑開人（2019）『居るのはつらいよ：ケアとセラピーについての覚書』医学書院／中央公論新社（2019）『婦人公論』2019年7月9日号　中央公論新社／渡邉篤（2019）『I'm here project アイムヒアプロジェクト』／山田孝明（2019）『親の「死体」と生きる若者たち』青林堂

青春新書
INTELLIGENCE

こころ涌き立つ「知」の冒険

いまを生きる

“青春新書”は昭和三一年に——若い日に常にあなたの心の友として、その糧となり実になる多様な知恵が、生きる指標として勇気と力になり、すぐに役立つ——をモットーに創刊された。

そして昭和三八年、新しい時代の気運の中で、新書“プレイブックス”にその役目のバトンを渡した。「人生を自由自在に活動《プレイ》する」のキャッチコピーのもと——すべてのうっ積を吹きとばし、自由闊達な活動力を培養し、勇気と自信を生み出す最も楽しいシリーズ——となった。

いまや、私たちはバブル経済崩壊後の混沌とした価値観のただ中にいる。その価値観は常に未曾有の変貌を見せ、社会は少子高齢化し、地球規模の環境問題等は解決の兆しを見せない。私たちはあらゆる不安と懐疑に対峙している。

本シリーズ“青春新書インテリジェンス”はまさに、この時代の欲求によってプレイブックスから分化・刊行された。それは即ち、「心の中に自らの青春の輝きを失わない旺盛な知力、活力への欲求」に他ならない。応えるべきキャッチコピーは「こころ涌き立つ“知”の冒険」である。

予測のつかない時代にあって、一人ひとりの足元を照らし出すシリーズでありたいと願う。青春出版社は本年創業五〇周年を迎えた。これはひとえに長年に亘る多くの読者の熱いご支持の賜物である。社員一同深く感謝し、より一層世の中に希望と勇気の明るい光を放つ書籍を出版すべく、鋭意志すものである。

平成一七年

刊行者　小澤源太郎

著者紹介
桝田智彦〈ますだ ともひこ〉
臨床心理士。親育ち・親子本能療法カウンセラー。20代にグループでプロの音楽家としてCDデビュー。その後、デザイン職とSCSカウンセリング研究所の准スタッフをしながら、音楽活動を継続したが、親友を不幸なかたちで亡くしたことで、ひきこもる。30代から大学・大学院へ進学し、臨床心理士資格を取得。精神科クリニック勤務経験を経て現在、SCS副代表、スクールカウンセラーとしてひきこもり・不登校支援に従事している。
●桝田智彦　公式ホームページ
http://masudatomohiko.com
●一般社団法人ＳＣＳカウンセリング研究所
http://www.scsself.com

中高年《ちゅうこうねん》がひきこもる理由《りゆう》
―臨床《りんしょう》から生《う》まれた回復《かいふく》へのプロセス―

青春新書
INTELLIGENCE

2019年12月15日　第１刷

著者　桝田《ますだ》　智彦《ともひこ》

発行者　小澤源太郎

責任編集　株式会社プライム涌光
電話　編集部　03(3203)2850

発行所　東京都新宿区若松町12番１号
〒162-0056
株式会社青春出版社
電話　営業部　03(3207)1916　振替番号　00190-7-98602

印刷・中央精版印刷　製本・ナショナル製本

ISBN978-4-413-04588-9

こころ涌き立つ「知」の冒険!

青春新書
INTELLIGENCE